キャバクラと経済の話

世の中のお金の流れは
キャバクラをみればわかる

山本信幸

JN142413

SOGO HOREI PUBLISHING CO., LTD

◆はじめに◆

平成から令和に元号が変わり、キャバクラも大きな変革の波にさらされている――と言いたいところだけれど、私たちの身の回りの状況と同じように、キャバクラも変わったところと変わらないところが混在していて、全体としては（たぶん）前へ進んでいるという状況だ。

まずどこが変わったのか。見た目、新宿・歌舞伎町が「浄化」された。この街に「街頭防犯カメラシステム」という名の監視カメラが本格的に導入されたのは二〇〇〇年二月二七日から。ドームカメラ四四台、固定カメラ一一台の計五五台が設置されていて、映像は、所轄の新宿警察署と警視庁本部に送られて、専従の担当者が二四時間体制でモニターしている。その結果、犯罪件数（刑法犯認知件数）は、運用開始当初の二〇〇〇件から直近数年は一〇〇〇件前後まで減少した。

危ない店は地下に潜った、犯罪が巧妙になったという指摘もあるけれど、危険な香りに誘われないように気をつけて遊ぶことを心がけていれば以前よりは安心して徘徊（はいかい）できるようになった。

そうそう、二〇〇五年四月から「東京都迷惑条例」が強化され、店への呼び込みを一切禁止したことも、徘徊のしやすさを助けている。行きつけの店を目指して一直線に歩いているときに、呼び込みの兄さんの甘いささやきに負けて、一直線のつもりがジグザグに歩いていたということが（ほぼ）なくなった。

夜遅い時間になると、ちょっと怖い一角になっていた新宿コマ劇場が取り壊されて二〇一五年四月一七日、ゴジラが目印の新複合施設「新宿東宝ビル」がオープンして、シネコンやホテルが利用できるようになった。それは歌舞伎町が家族連れでも楽しめるエンターテイメントシティに変わったことを示す象徴でもある。

二〇一六年六月二三日に施行された改正風営法（風俗営業等の規制及び業務の適正化等に関する法律）もエンターテイメントシティを後押ししている。いわゆる「クラブ」（踊る方）などは地域によっては二四時間営業ができるようになった。ただし、キャバクラなどは引き続き「風俗営業」として扱われるので、営業時間等の制限はいままで通りである。

外国人観光客が目立つようになったことも、平成の終わりから令和にかけての特徴だろう。東京都の「国別外国人旅行者行動特性調査」（二〇一八年調べ）によると、東京にやってきた訪日外国人観光客の訪問先は、「新宿・大久保」が五五・四%、「銀座」が四八・九%、「浅草」が四五・〇%となっている。歌舞伎町も含めた新宿エリアは昼はショッピング、夜はナイトライフが充実した街として、外国の人にも認知されているのだろう。

ただ残念ながらと言うべきなのか、キャバクラに外国人観光客が訪れる割合はそれほど多くないらしい。理由は二つ。ほぼ日本語のみという言語障壁と1時間1万円ほどの料金だ。キャバクラをキャストの女性とお酒を飲みながら会話を楽しむところと定義すると、日本語しか通用しない現状では外国人は利用しづらい。通訳の人とか、ポケトークのような翻訳機を介して話をしても面白くないだろう。

逆に言えば、英会話や中国語会話のできるキャストは、高い時給で迎えられる可能性はある。

キャバクラのシステムはほとんど変わっていないけれど、キャストの通信手段が大きく変わった。以前は誰もがガラケーと呼ばれるフューチャーホンだった。お客からプレゼントされた高級ブランドのストラップをつけたり、本体をデコレーションしていたものだけど、今はほぼスマートフォンだ。

連絡は電話番号に送るショートメールから「LINE」に変わった。

ただ、すべてLINEに移行したというわけではない。

若いお客はLINEでいいけど、家族持ちや年齢の高いお客はLINEをやっていないことが多いし、やっていても「送らないで欲しい」と言うお客が多いからだ。

「LINEは妻や娘とのやりとりに使っている。そこにキャストからのお誘いが入ってくるとトラブルが起こりそう」

という理由からだ。

うっかりダイニングテーブルに置きっぱなしにしたスマホの画面に、「今夜会いたいな(はあと)」というメッセージが浮かび上がったら修羅場だ。

キャストはショートメール、個人アドレス宛てのメール、LINE、そして電話を上手に使い分けている。もちろん昔も今も最強の連絡手段は電話。キャストからの誘いがLINEで届いたらスルーでも、電話の声を聞いてしまうと「断る」という選択肢はない。

文面の印象も変わった。ギャル文字や小文字書きが増えた。若い客層を狙った低価格キャバクラなら「る」を「□レ」と書いたり、「私」を「禾ム」と書いたりしても「ウケル」のかも知れないけれど、高級感を売り物にするキャバクラのキャストは避けるべき。なんかバカっぽい印象だし、そもそも読みにくいから途中で読むのがいやになる。

おまけで言わせてもらえば、スマホで簡単に「デカ目補正」ができるようになったせいなのか、店のウェブサイトに載っているキャストの顔写真がちょっと不思議な感じになった。

変わらないところは、まずキャバクラの料金だ。ずっと以前からキャバクラは高かった。だからサラリーマンの給料から捻出するのは大変だった。毎日通いたいけれど通えない、と多くのサラリーマンが身を焦がす思いでいたはずだ。

でも、その大変さの「加減」みたいなものは、以前も今も変わらない。なぜならデフレがずっと続いているからだ。

デフレとは何か。ここでは「持続的な物価下落」と定義する。

二〇〇一年度「年次経済財政報告」（経済財政政策担当大臣報告）には、こんなことが書いてある。

「一国の経済活動全般の物価水準を示すGDPデフレータでみた場合は、九〇年代半ば以降緩やかなデフレの状況にあり、二〇〇〇年で前年比マイナス一・六%、二〇〇一年前半で同マイナス一・一%となっている。このような状態は、日本経済にとって戦後初めての経験であり、また戦後の他の先進国においても例がない」

およそ平成の始まりから令和の今日まで、日本経済はずっとデフレの中にあった。「持続的な物価下落と言う割にはキャバクラの料金は下がっていないじゃないか」という指摘はなしにしていただきたい。全体的に見ると、ずっと料金が据え置かれているということで許していただきたい。

デフレが続いている間にサラリーマンの給料は上がっていれば良かったのだけど、物価の変動率を考慮に入れた「実質賃金」(労働者が受け取るのは名目賃金)はむしろ下降気味。もちろん個々で見れば「給料が増えたよ」という人はいるけれど、多くのサラリーマンの感覚は、「懐具合はあまり変わらない」や「ちょっと苦しくなったかも」ではないだろうか。だから、キャバクラの料金が据え置かれても通える回数が増えることはなかったのである。

キャバクラは「疑似恋愛」を楽しむ場所という位置づけも変わっていない。だから店内で「やれること」には制限がある。それが何かは本編で確かめていただきたいが、男と女の駆け引きは古典文学の世界から進歩していないというべきか、変わらないというべきか。

だからといって安心はできない。

少子高齢社会の到来で、どの市場も縮小傾向にある。キャバクラ業界だってそう。現役世代が減少すれば、キャバクラに通うお客は少なくなる。

それ以上に深刻なのは、若者の「人間離れ」だ。何度も何度もＬＩＮＥのやりとりをして、店に通って、大金を使って、得られるのは「疑似恋愛」って、なんとコスパの悪いことでしょう。それならスマホの恋愛ゲームでいいや、という若者の変化を経営者は理解すべきだ。

では、どうすればいいのか。

インバウンドの取り込みとか「らしい」答えは誰もが考えていると思うけれど、これが正解というものはまだない。

ただ先行指標となるものはある。

キャバクラ経営者が大好きなメルセデス・ベンツである（ＢＭＷでもいいけど）。ベンツは高級車ではあるけれど、量産車である。ブランド力があり、いい車だし、価格も高いけれど、（クラスを選べば）買えないほどではない。

昔のベンツのラインナップはシンプルだった。Ｓクラスを頂点に、Ｅクラス、少し遅れてＣクラスがラインナップされた。それが今は、隙間を埋める戦略を活発化させて、Ａクラス、Bクラス、CLA、Cクラス……。それにワゴンがあり、SUVがあり、クーペがあり。

おかげで売上は伸びているけれど、ブランドイメージはどうなっていくのだろう。拡散したり、毀損（きそん）したりしないのだろうか。それになにより、車に乗る人が少なくなっていく時代に、どう対応していくのだろう。

キャバクラも高級をうたっていても、「量産車」の範ちゅうである。お客の要望には細かく応じてあきさせない工夫が必要である。さらにお客の多様化に対応して、本体のブランドとは別に低価格キャバクラブランドやニッチを売りにしたブランドを展開しているグループもあるが、その先は見えているのか。

ぜひ経営者の方々はベンツの戦略に注目して、進むべき方向を見つけていただきたい。

キャバクラの基礎知識

『本書で取り上げている正統派キャバクラには、独特なシステムや符丁、習慣がある。そこで最初にキャバクラの基礎知識を頭に入れておいていただきたい。』

◆セット料金

キャバクラは明朗会計だ。通常一時間当たり（四〇分や五〇分という設定もある）のセット料金が決められていて、指名料、サービス料、税金を別にすれば、セット料金だけで飲むことができる。基本的にウイスキー、ブランデーなどのハウスボトルは無料。チャーム（おつまみ）も食べ放題だが、あられやポッキーなどの乾きものをおなかいっぱい食べる人は少ないだろう。

◆延長

セット時間が過ぎると延長に入る。延長は三〇分単位がほとんど。前金制のところは延長時にはボーイが延長の意思を確認に来るので、料金を支払う。後払いのところは延長の確認のない店（自動延長制の店）も多い。

◆指名

お客が店に入るときに、キャストの名前を告げること。名前が告げられたキャストは「指名」されたことになり、ポイントや指名料バックが受けられる。これを本指名ともいう。お客が払う指名料は一〇〇〇円〜三〇〇〇円程度。ただし、人気のあるキャストの場合、複数の指名客を抱えているので、同時に六人のお客から指名を受ければ、一時間いても一人につき一〇分しか席につけないことになる。実際にはお客の送り出しや席間移動の時間、トイレタイムなどが必要なので、一〇分のはずが七分、五分と短くなっていく。キャストから「いいお客」と思われていると、最初に挨拶に来てすぐに席を立ち、最後の送り出しまで顔を見ないということもある。それでもお客に不満を抱かせないようにするのがキャストのテクニックだ。

◆場内指名

店に入ってから気に入ったキャストを見つけて席に呼ぶことを場内指名という。場内指名料は本指名料よりも安いことが多く、一〇〇〇円～二五〇〇円程度。多くの場合キャストにはある程度のバック（三分の一程度）がある。ヘルプ（指名キャストが他で接客しているときにつなぎでつく）のキャストが気に入らなかったり、好きなタイプを揃えたいとき、気になっているキャストが態度の悪いお客にいじめられているときなどに使うと効果がある。使いすぎるとチェック（勘定）のときにダメージを受ける。本指名と同じように、場内指名したからといって最初から最後までそばにいてくれるわけではない。

◆同伴出勤

キャストと一緒に店に出勤すること。キャストにとってはポイントになり、店側にとっては確実にお客を呼び込むことができる。お客は店の外でお気に入りのキャストと食事をしたり映画を見ることができ、店内には予約席が設けられているので、待たされることがない。誰にとってもいいこと尽くめのようだが、強制同伴日の同伴にはデメリットもある。

キャストとしては「いいお客」「一緒にいて楽しいお客」と同伴したい。そこで午後四時頃から「今日同伴して」という電話（俗に同伴コール）をかけるのだが、店が暇な曜日（お客が行きたがらない曜日）を強制同伴日とすることが多いので、「いいお客」「一緒にいて楽しいお客」がつかまらないことも多い。

そうなると「どうでもいいお客」「いやなお客」にも声をかけることになる。キャストとしては、「プライベートな時間をなぜこいつと過ごさなければならないんだ」「なぜこいつの顔を見ながら食事をしなければならないんだ」と思いながら、開店までの一時間、二時間を過ごすことになる。もちろんペナルティ覚悟でいやなお客とは同伴しないキャストもいるが、高収入を確保しようとすれば避けて通ることはできない。しかも、いやなお客に限って、待ち合わせしてもすっぽかしたり、同伴＝気があると誤解してしつこく迫ってきたり……という副作用がある。

お客の側は、同伴をお願いされることは「脈があるのかな」という期待をする反面、店の開店時間に合わせて仕事を終了させるという手間がかかる上、映画や食事代をすべて支払うことになる。それでもお気に入りのキャストが一対一でつき合ってくれるのなら気にもならないが、食事をすっぽかされて店のそばでの待ち合わせに切り替えられたり、複数のお客と同伴の約束をしていることがわかったときには悲しい気持ちになる。

店によっては、お客から同伴料を取るところもある。同伴出勤した場合、同伴料は二〇〇〇円～三〇〇〇円で、キャストにバックされることが多い。散財したお客のほうがもらいたいくらいだが、お気に入りのキャストと二人だけの時間を過ごせたのだから……ということで納得するしかない。

◆ アフター

店が終了したあとにキャストと遊びに行くこと。お客が誘ってもいいし、キャストが誘うこともある。お客が誘うケースでは、①店内で意気投合してそのまま外へ流れるケース（グループに多い）と、②お客が一対一でデートするために誘うケースがある。キャストから見ると①は比較的ＯＫしやすい。相手も複数、キャスト側も複数なので安心感がある。②は気心の知れたお客なら体調さえよければＯＫするが、あまり親しくなかったり、気が合わないお客だと断ることになる。

ただし、お客をたくさん抱えている上位クラスのキャスト（以下ナンバーという）は、相手が誰でもアフターは一切しないと決めていることもある。「すべてのアフターにつき合っていたら体がもたない。だったら公平に断る」というのが言い分だ。

デートといっても行き先は食事（焼き肉や寿司、最近はダイニングバーという選択も）か、カラオケか、居酒屋、ワインバーあたり。

キャバクラができた頃は「三回通えば店外デート」という〝キャッチフレーズ〟があって、食事とホテルがセットになっていることを匂わせたこともあったが、現在のキャストはもっと割り切ったつき合いをしている。ここに「あわよくば」というお客側の意識とのズレが生じる。現実にはプロ意識の高いキャストほど、お客との距離を微妙に取る。取れないキャストがお客の要求に応じてしまうこともあるというが、一度深い関係になると、売り上げ面では期待できなくなる。店外デートを繰り返したり、お客が冷めてしまって他店に乗り換えることがあるからだ。

◆ドリンク、フルーツ、おにぎり

キャバクラは飲み放題、食べ放題だが、それはウイスキー、ブランデー類のハウスボトルと乾きもの中心のチャームの話。ワインやビールなどのお酒、焼き鳥、おにぎり、フルーツなどは別料金になる。

キャストの「おなか空いた」攻撃は、親しいお客やゆるいお客に向けられる。

料理やフルーツのたぐいをいくら頼んでも、キャストのポイントにならないことが多い。値段も予想以上に安いために、バックマージンがあるわけでもない。あくまでも、お客とキャストのためのサービスという位置づけである。

◆食べ物、飲み物持ち込みOK

飲み物（酒やソフトドリンク）や食べ物のたぐいは持ち込みOKの店もある。「今度来るとき、たこ焼き買ってきてね」と頼まれたら、買って入ればいい。キャストの誕生日やクリスマスにはケーキを持ち込むお客もいる。持ち込み不可の店でも、イベント日のケーキ程度なら大目に見るところもある。

キャストは意外に酒を飲まない。銀座のクラブと違い、キャバクラでは飲むことが成績に結びつかないし、いちいちお客のお酒につき合っていたら体をこわしてしまう。そこでキャストにはウーロン茶などのノンアルコール飲料が用意されている。ウーロン茶入りのグラスならウイスキー、ブランデーと区別がつかないのでテーブルに並べて置いても違和感がない。

ソフトドリンクがフリードリンクに含まれない店ではキャストが「飲み物注文してもい

いですか？」と聞いてくる。一杯五〇〇円から一〇〇〇円。キャストは何人も入れ替わるので、いちいちＯＫしていると、予想外な料金を請求されてしまう。「ドリンク頼んでいい？」と聞かれて「水を飲んでいろ」といえる人はいいが、見栄もあってＮＯといえない人はビールがいい。一本一〇〇〇円程度だが四、五人分をまかなえるし、ビール嫌いのキャストは少ない。

◆ CONTENTS ◆

カバーデザイン／星理教
本文フォーマット／Dogs Inc.
DTP／横内俊彦
校正／原孝

第１章

恋愛が景気を後押しする「消費する心」の分析

富裕層がカネを使うと下流層がつられて使う
消費回復の原因

「グッチじゃダメなの？」

「えー、だってアタシ、いつもヴィトンだしぃ」

という中国語の会話が、ディスカウントストアのごちゃごちゃしたフロアで聞けるという状況を見るにつけ、日本の景気はインバウンドが支えているのだな、と思う。ルイヴィトンなどの高級ブランドを傘下に有するＬＶＭＨモエ ヘネシー・ルイ ヴィトン（フランス）や「カルティエ」などを傘下に有するフィナンシエール・リシュモン（スイス）や、「グッチ」などを傘下に有するケリング（フランス）などの企業は、日本ではなく、中国の販売動向を気にするようになった。銀座の高級ブランドの店に出入りしている人の多くは中国人を主とする外国人旅行者だ。

残念ながら日本の景気は回復していない。日本銀行の「生活意識に関するアンケート調査」（第七八回〈二〇一九年六月調査〉）では、景況感のうち、一年前に比べて「良くなった」という回答が減少し、「悪くなった」との回答が増加している。さらに一年後は「悪くなる」と答えた人が四三・一%に達していて、「良くなる」と答えた人の七・〇%を圧倒している。

収入についても「減った」、一年後は「減る」と言う答えが増えており、日本人の消費意欲は低調だ。

とはいえ、欲しいものがなくなっているという現実もある。家電製品は一通りあるし、スマホがあれば、だいたいのことはできるし。縮小均衡ながら、満たされている。

では満たされていないモノは何か？

ココロのすき間ですよ。男性の場合、一九九四年の平均初婚年齢が二八・五歳だったのに対し、一〇年後の二〇〇四年は二九・六歳と、一歳以上晩婚化が進んだ。二〇一五年はなんと男性三一・一歳、女性二九・四歳だ（厚生労働省統計情報部「人口動態統計」）。その原因は何なのだろう。

恋愛が需要をつくる
彼女のためなら財布も開く

晩婚化の原因というか理由を、結婚したくない男性に聞いた調査がある。二〇〇四年の厚生労働省「少子化に関する意識調査研究」によると、もっとも多かった答えは「自分の自由になる時間やお金が少なくなる」四四・七パーセント、「趣味やレジャーを楽しみたいから」四〇・四パーセント。なんとなくもっとも多い答えじゃないかな、と思える「適当な相手にめぐり合わないから」は二九・八パーセントでしかない。二〇一五年になると、「まだ若すぎる」が四九・六％と五割に迫り、「仕事（学業）にうちこみたい」「まだ必要性を感じない」が三割台。「適当な相手にめぐり会わない」という理由が三〇・四％ある（国立社会保障・人口問題研究所「第15回出生動向基本調査」）。

結婚はしたくない。でもオトコだから、オンナの肌のぬくもり（直接的な意味ではなくて比喩的表現ですよ）は感じていたい。ここに風俗（飲食・遊興のサービスを提供する営業のこと）の成り立つ余地がある。

結婚すると「自分の自由になる時間やお金が少なくなる」からイヤだと。風俗に時間やお金を使ってしまうと、やっぱりそれ以外に使える「自分の自由になる時間やお金が少なくなる」のだけれど、それは許せるというのがオトコの本音だ。

経済学者のJ・M・ケインズ（一八八三年～一九四六年）だってこういっている。「需要が供給をつくる」と。その需要は、キャバクラに向いている。

夜の女性が経済を活性化させた時代 ゾンバルトの恋愛経済学

ドイツの経済学者W・ゾンバルト（一八六三年～一九四一年）は論文『近代資本主義』の中で「贅沢者や女遊びのためのカネの支出は資本主義を引っ張る需要面での力である」という意味のことを主張している。

またゾンバルトは、こう述べている。

「海外との貿易はなんといっても奢侈消費（注・贅沢な生活のこと）の所産であり、裕福な人々ばかりが個人的に携わる事業にすぎなかった。金持ちが贅沢な出費をすることによってだけ、海外貿易は成り立っていたわけだ。なぜなら、すでに見てきたように、ヨーロッパにもたらされる商品が贅沢品である以上、持ち出される商品がどんな種類の商品であっても、どうでもよいことであり、そうした商品は支払いのための偶然の形式に過ぎなかったからだ。贅沢品の流入がなかったならば、貿易全体はなかったであろう」(『恋愛と贅沢と資本主義』金森誠也訳、論創社)。

決して難しいことをいっているのではなくて、金持ちが贅沢をする背景には、女性が絡んでいて、正妻以外の女性と交渉を持つために贅沢品を購入し、歓心を買おうとしたんだよ、と説いているのである。

俗説では、この世で最初の女性の職業は娼婦(売春を職業とする女性のこと)だという。それが事実かどうかは、見てきたわけではないのでわからないけれど、中世以来、売春が重要な産業になっていたのは事実。

一四八〇年の統計によると、人口一〇万人に満たないローマには六八〇〇人の娼婦が住みついていたという。

さらに、正式な妻と一夜だけのつき合いの娼婦との間に、さまざまなポジションの女性が出現した。それは多彩なロマン系言語の表現に示されている。

Ｃｏｒｔｅｇｉａｎａ＝媚びを売る女

Kurtisane＝高等娼婦
Konkubine＝妾
Maitresse＝愛人
Grande Amoureuse＝情人
Grande Cocotte＝大蓮葉女
Femme Entretenue＝囲われ女（前出『恋愛と贅沢と資本主義』）

微妙なニュアンスの違いがわかるでしょ。

ゾンバルトの恋愛経済学研の考え方は、いまでも十分通用する。

もちろんいまの日本では、売春は法で禁じられているための産業として機能しているが、性を売り物にした産業は表の産業として繁華街のいたるところで見ることができる。

恋愛経済学を現代風に意訳すれば、男性と女性が出会って恋愛をすることによって経済活動が活発になるということ。レストランへ行って食事することはもちろん、そこまで移動するときにもお金をかける。普段なら駅まで歩いて電車に乗るのに、彼女と一緒のときはタクシーを使う。わざわざデートのためにクルマを買って維持費を払い、駐車場とガソリン代、高速代を出す。洋服にも凝るし、贅沢品にも金を使う。そういう形でどんどん需要が増えてくる。

そこで結論。

日本経済と、日本のオトコたちがいま、必要としているのは「恋愛」なのである。結婚しなくたっていい。「恋愛」だけを楽しめばいい。既婚者であれば真剣な恋愛をすると離婚問題が起こってくるし、(既婚者に限らず) 援助交際するとクビが飛ぶので、健全な疑似恋愛を楽しめばいい。健全な疑似恋愛を楽しむ場所、それが「キャバクラ」である。まあ、それほど肩に力を入れて宣言することでもないのだけれど、キャバクラがさまざまな需要を喚起することは間違いない。

キャバクラが注目されるわけ 時間消費産業

キャバクラが需要を活発化するためのモデルとして優れていると考えられるのは、店側が、お客の男性と接待する女性（キャスト）が一緒にいられる「時間」を商品として用意し、お客がその時間を高い金額で買っているというところにある。

その時間は他では得られないものだし、何もしなくても消費されていく。キャバクラは女性と会話をしているときの時間を消費する産業だと位置づけられる。

いまの時代は、時間を消費する産業、それも気持ちよく消費する産業が受け入れられている。エステティックサロンやマッサージもそうだし、フィットネスクラブもそう。高いけれど、ゆっくりと食べられるおいしい食事もそう。

これらは体を気持ちよくさせてくれるが、ココロを気持ちよくさせてくれるのがキャバクラだ。

高校生・大学生が以前ほどテレビゲームにお金を使わなくなったのは、スマホでLINEをし、ゲームをするためだといわれている。毎月の小遣い一〇〇のうち、仮に七〇をゲームに、三〇を他の消費活動に使っていた高校生は、携帯電話を持つようになって五〇を電話に、二〇をゲームに割り振るようになった。これでテレビゲームの消費が急激に落ち込んだ。子供たちの小遣い争奪戦はゼロサムゲームである。

大人も同様だ。キャバクラにのめり込んだオトコたち(お金持ちでないふつうの男たち)は、小遣い一〇〇のほとんどすべてをキャバクラに注ぎ込んでしまう。これでは他の業種にお金が回らないはずだが、彼女(キャスト)の歓心を買うためなら、預金を解約してでも通う資金をつくり、プレゼントを買う。デートの費用を用立てる。少しでもモテるようにいい服を買う。ドライブしたいと彼女がいえば自動車ディーラーにまで走るかもしれない。預金を解約することの是非は別にして、多かれ少なかれ、オトコたちはいままでよりも活発な消費活動を行うようになるのは確かだ。

キャバクラのライバルは性風俗ではない重ならない客層

キャバクラには直接的なライバルがいないのも強みだ。では、いわゆる性風俗と呼ばれる店はライバルではないのか。

性風俗店は確かに繁盛している（後述するようにすべての店が儲かっているという意味ではない）。繁盛している理由は二つ挙げられる。

一つは風俗店が商品力の向上に励んでいるということ。商品である従業員のクオリティアップ（ルックスや接客態度等）は当然として、サービスの向上（H度を高めたり、新たなテクニックの開発等）と利用料金のディスカウント（低料金の設定、利用客に対する割引券配布、ポイント制度の実施等）をはかっているからだ。

なにしろ東京・新宿、池袋、五反田、渋谷、鶯谷、吉原といった激戦区では、クオリティがダウンすれば、あっという間に客が引く。引いた客は隣の店に流れていく。もちろん店は淘汰される。

長く続いた不況のおかげで「優良店が増えた」「サービスがよくなった」という声を聞く。クオリティをアップさせた店は繁盛する。お客は一万円なり、二万円なりの払った金額に見合うサービスが受けられれば満足するし、おざなりなサービスなら不満に思う。

風俗、それも性風俗の場合は、満足できたか、満足できなかったかは、お客自身がその場で実感できる。その分シビアともいえるし、問題点の把握が難しくないともいえる。

もう一つ、性風俗店は目的がハッキリしており、受けたサービスの心地よさはその場限りである。いくらおいしい料理をおなかいっぱい食べても翌日には空腹を覚えるのと同じように、欲望には際限がない。

そして面白いことに、性風俗の常連客層とキャバクラの常連客層は（例外は存在するものの）ほとんど重ならない。性風俗派は「できるかどうかわからないキャバクラに金をつぎ込むのはムダ」だと考えているし、キャバクラ派は「女の子（キャスト）との駆け引きのプロセスが面白い」と主張する。キャバクラ派でも性風俗の店に行くことがあるが、主戦場はあくまでもキャバクラと決めている。

キャバクラになぜお客が集まるのか市場背景

ここで、キャバクラにお客が集まる市場背景について考えてみよう。そこには、四つの背景があると見ることができる。

［第一の背景］疲れている日本人

長く続いた不況は男たちから〝自信〟を奪った。年収が毎年ダウンするという屈辱も味わったが、心に与えたダメージの比ではない。不況下では、働いても、働いても夢が見られないという状況に陥った。一生懸命働いても資産が増えない。リストラの憂き目にあう。リストラから逃れても、会社が消えてしまう。日本人は疲れ果てている。仕事優先だった男たちは、自信を失い、自分の場所が見えなくなっている。

［第二の背景］セクハラ訴訟

セクハラという言葉は男たちの行動を縛った。職場の男たちが発する性差別的な言葉は、女性にしてみれば不愉快この上ないのだろうが、鈍感な男たちはなぜ怒られているのかがわからない。男たちが「たいしたことではないだろう」と思っていた言葉が女性を傷つけ、訴訟にも発展している。だから、男たちは本質を理解せずに発言を慎むようになる。その結果、目に見える範囲のセクハラは減ったように感じるだろうが、（本質を理解していない）男たちの中にフラストレーションが溜まっていく。

［第三の背景］コミュニケーションが苦手な人々

自分からコミュニケーションが取れない男が増えている。特に異性に対して顕著で、かかわりを持つことを怖がっているが、心の奥底ではコミュニケーションしたいと願っている。生身の異性を恐れてアニメやエロゲーの世界にのめり込む男もいる（もちろんファン全体を指すわけではない）。

［第四の背景］銀座の接待用高級クラブの終焉

企業の経費節減は至上命令だ。贅肉を極限まで落とすことに生き残りがかかっているからだ。以前ならとりあえず見込み客を接待して様子を見るという悠長な手段が使えたが、いまは接待する以上契約を取れという命令が下っている。また、かつては接待の場に新人を連れていき、酒の席でのマナーを学ばせるという余裕があったが、いまは必要最小限の人員しか同行させない。バブル期に隆盛を誇った銀座の接待用高級クラブは、一部を除いて青息吐息の状態だ。

接待がダメ、会社のツケがきかないとなると、自腹で飲むしかない。飲むという面でのコストパフォーマンスは大手チェーンの居酒屋が抜群にいいのだが、いつも同僚の顔を見ながら飲んでいても面白くない。たまには美しい女性と飲みたいという欲求に駆られる。もちろん、自腹だから〝座って一〇万円〟の高級クラブには行けない。

マッチ売りの少女の再現
時間限定の疑似恋愛

このような時代背景もキャバクラに男を向かわせる要因になっている。キャバクラに行けば、美しい女性たちから積極的に声をかけてくれる。お客の話にいちいち頷き、驚いてくれる。酒が入って多少性的な話題になっても怒られることはない。黙っていても女性のほうから話題を提供し話しかけてくれる。

そして何よりも心地よい。店に滞在している一時間、二時間は完全にお客の時間だ。キャストが恋人のように寄り添ってくれるのは店の中だけというのが現実だが、マッチ売りの少女のように、マッチが燃え尽きるまでの時間――店に滞在している時間だけは楽しい夢を見させてくれる。

そして請求書に書かれた額は数万円。居酒屋よりは高額だが、銀座の高級クラブの勘定書に比較すればリーズナブル。自腹で支払えるぎりぎりの線だろう。

キャバクラ情報戦 周辺情報産業

いい意味でも悪い意味でもキャバクラの情報を、メジャーなマスコミが扱うようになった。テレビではキャバクラを扱ったドラマやバラエティ番組が制作されているし、お堅いドキュメンタリー番組でもキャストの日常を描いた映像が流されることがある。サラリーマン向け週刊誌やスポーツ紙、夕刊紙でも、キャバクラ情報は欠かせないネタとなっている。

またよりディープな情報が公開されているのがインターネットの世界。多くの専門誌や店、あるいはキャスト自身が公式サイトを公開しているし、お客の側から見ると「マスコミで紹介された店なら」「口コミが多い店なら」という安心感がある。現実にはマスコミが取り上げた店のすべてが優良店とは限らないのだが、見ず知らずの店に飛び込みで入るよりはいい。紹介サイトやまとめサイトもある。

またネットで事前に口コミ情報をチェックしておくのもいいだろう。

一方、キャストの側のメリットは顔が売れて指名が増えるというところにある。見ず知らずのお客がいきなり指名で入ってくることもある。逆に(店への)いたずら電話やストーカー的人物に悩ませられることもあるのだが……。

マス媒体のほかに、インターネットでも情報が流れている。店側がホームページ(HP)を開いていることもあるし、キャストがHPを持っていることもある。もちろんお客がHP上で情報交換を行っているケースもある。

ナイトビジネスの中でも、キャバクラのような業種は過去には〝日陰の花〟的イメージだったのだが、いまでは積極的に表舞台に出ようとしている。

眠らなくなった現代人 ナイトビジネス時代

結婚しなくなったオトコたちについてはすでに触れたが、NHKの「現代日本人のライフスタイル二〇〇四」では、さらに興味深いことがわかった。若年層（一六歳～二九歳）の男性の七二パーセントが「結婚しなくてもよい」と考えているという。一〇年前には五八パーセントだったというのだから、未婚のオトコはこの先さらに増えることになる。

結婚しないことに加え、現代人が夜眠らなくなったということも、キャバクラをはじめとする「ナイトビジネス」が盛んになる要因だろう。

NHK放送文化研究所の生活時間調査によると、一九九〇年から二〇〇五年の一〇年の間に、平日の午後一時までに寝ている人の割合が六一パーセントから五二パーセントへ低下したという。二〇一五年の調査では睡眠時間の減少は下げ止まっているが、現役世代の夜更かし傾向はほとんど変わっていない。それは深夜テレビの番組内容にもあらわれている。深夜二時、三時というのにテレビショッピング番組を放送しているが、深夜という時間帯にもかかわらず商品の購入申し込みが非常に多いという。

深夜のテレビショッピングを見ていると、商品ナビゲーターと称する司会者が「いま注文のお電話をたくさんいただいております！　お客様、赤のお色の商品は在庫わずかとなってきました！」「いま赤のお色は売り切れました！」なんて叫んでいる姿が映るけれど、きっと本当なのだろう。かつての常識では誰も見ていないような時間帯（映画等ならビデオ録画するだろうがテレビショッピングを録画する人は少ないだろう）に、確実に起きている消費者がいる。

ちょっと古い話だが、日本経済新聞（二〇〇四年一月八日付朝刊）に、「不眠列島二〇〇四」というタイトルの興味深い連載記事が載っていた。東京都水道局東部第一支所の保守員の話なのだが、彼らは道路に当てた集音マイクから聞こえる水道管の音で漏水を見極めるのが仕事。かすかな音を聞き分けなければならないので、昼間を避けて深夜に行動する。ところが日本人の生活が夜型にシフトしたことから保守作業に支障が生じているというのだ。

また一週間後の日経新聞朝刊には「スーパー、深夜営業七割に」という記事が載った。イオンやイトーヨーカ堂などの大手スーパー四社が、消費スタイルの変化に対応して夜一時以降も店を開ける深夜営業店を増やすという内容だ。

どちらも夜型のライフスタイルが進行・定着していることを示している。自分自身の生活スタイルを思い浮かべてみよう。たとえばインターネットに接続する時間は夜中が多いのではないのか。事実、あるインターネット関連会社の担当者は、トラフィック（通信回線の中を行き交うデータ量）が夜八時から九時頃と、深夜〇時過ぎに増えると答えている。それくらい日本人は眠らなくなっている。

四二人に一人がキャバクラに通うと？ 経済効果一兆円

お客がキャバクラにハマると、一回の支払いが二万円として、週一回のペースで一カ月八万円使うことになる。同伴やアフターを行うと、月一〇万円を超えるだろう――月一〇万円と聞いただけで一般サラリーマンには無縁の世界だと思うかもしれない。これは有効需要を喚起するために必要な額の概算というだけで、小遣い程度の額でキャバクラに通う方法は後述するようにいくつもある。小遣い程度の額では需要の喚起にはささやかな貢献しかしないかもしれないが、キャバクラが持つ人気の秘密には十分触れることができる。

居場所を求め、疑似恋愛を楽しむために月一〇万円の出費。しかし、この莫大な出費が景気回復基調の日本経済を後押しする原動力になる。

一〇万円の流れはこうなる。一〇万円のうち八万円はまず店に入り、女の子の給料となり、ホストクラブやカラオケやファッションに消える。ホストは別の飲み屋やカラオケやクルマやファッションや日焼けサロンで使う。一般的にいって(多数の例外があるが)、彼女たちは貯蓄などあまり考えないから、お金が退蔵されることはない。またキャストは携帯電話を頻繁にかけるからドコモやａｕが潤うし、端末をつくっているメーカーも儲かる。同伴やアフターで費やされる二万円はレストランや居酒屋、喫茶店に支払われる。誕生日ともなれば、キャバクラを控えたエリアに立地するデパートにも万単位の金額が落ちることになるだろう。

キャバクラを中心としてミニ経済圏が成立しているのである。

そして一人一〇万円、年間一二〇万円使うとして、一〇〇万人がキャバクラに通うと一兆二〇〇〇億円の需要が創出されることになる。成人男子（二〇代～六〇代、約四二〇〇万人）のうち四二人に一人がキャバクラに通えばいいのだ。

それは極論としても、次のような例もある。

日本がバブルに浮かれていた九〇年頃、フランスのテレビ番組に、日本のラブホテルが紹介されたことがあった。フランス人はラブホテルという存在を信じられなかった。ラブホテルというのは性行為をするためだけのホテルであって、部屋の真ん中には丸いベッドが置いてあってぐるぐる回ったりとか、上の小さい電球が天の川のように流れていて、声の高さとか大きさで、照明の明るさや色が変わるという細工が施されている。

そういったものをテレビで見て、あるフランス人女性は「日本人は何を考えてるんだろうね」とあきれていた。しかし、賢明な別のフランス人は「日本人はそういったことが無駄だとわかりながらもお金をばんばん使っている。だから景気がよくなるんだ」と見抜いていた。

フランス人カップルだったら、どちらかの自宅とかで〝まったり〟として過ごすのがほとんど。これが日本だと、映画を見て、食事をして、カラオケへ行って、ラブホテルに入ってというコースをたどる。そのときは見栄を張って自分の身分よりもちょっと上のところを狙う。相手が女の子で、この子をなんとかしたいと思っているからこそ、ちょっとしたことにお金を払うわけだ。

男同士での食事なら二人で二〇〇〇円で済ませるところを、女の子と一緒だと一人分が一万円、二人で二万円使う。そうすると、二〇〇〇円と二万円の違いになる。一〇倍の違い。単純に計算すれば有効需要が一〇倍になる。

こと恋愛に関する限り、ゾンバルトの恋愛経済学はいまも生きている。

第2章

キャバクラって何するところ?

一分一六六円なり　需要と供給の上昇スパイラル

キャバクラとはどのような業種なのだろう。キャバクラは性風俗店とはサービスの面で明らかに異なる。キャバクラは、クラブの華やかさ、上品さと、キャバレーの気軽さ、エンターテイメント性を合体させた店である。店に入るとお客一人に対し一人のキャストが隣に座り、水割りをつくってくれる。そして楽しく会話をする。

多くのキャバクラでは一日、一、二回ショー（ショーメンバーはキャストの場合がほとんど）が行われる。料金は明朗会計。新宿歌舞伎町の場合、飲み放題・食べ放題のセット料金は一時間一万円程度（個々の店、入店時間等によって異なる）で、指名料、特別なオーダー、サービス料・税金を別にすれば、これ以上請求されることはない。これが正統派キャバクラである。

女性と会話しながら酒を飲むだけで、男たちは一時間一万円を払う。一秒二・八円。彼女がまばたきするたびに約三円のお金が消えていく。一分一六六円。国際電話なら米国の相手と三分間会話ができるコストだ。

なぜこれほどまでにコストをかけるのだろう?

「男はバカだから」「スケベだから」という女性の声が聞こえてきそうだが、それだけでもなさそうだ。

栗本慎一郎は著書『パンツをはいたサル』の中で、「ヒトは、非日常的時間、聖なる世界に向けて営々として働き、生産し、あるとき一挙にそれを破壊して聖なる世界に遊ぶ」と書いている。蕩尽の理論である。

これで男たちが一時間一万円を支払う理由の一端が説明できる。身を削るようにして働いて稼いだお金は、非日常的な場所でパッと使ってしまいたくなる。その非日常的な場所というのがキャバクラなのである。

キャバクラではケインズのいう「需要が供給をつくる」が縮図となって再現されている。男たちの「若くてきれいな女性と一緒の時を過ごしたい」という需要があるから、キャバクラというシステムが供給された。キャバクラ・システムが供給されているから、さらなる(男たちの)有効需要が喚起されている。ここには竜巻のような上昇方向のスパイラルが起こっている。

キャバクラは何をしてくれる キャストと客の距離

前項で「キャバクラは、クラブの華やかさ、上品さと、キャバレーの気軽さ、エンターテイメント性を合体させた店である。店に入るとキャストが隣に座って水割りをつくってくれる。そして楽しく会話をする」と述べた。

キャバクラが提供しているサービスは「キャストと酒を飲みながら会話を交わすことができる」ということである。

男性客の中にはキャストとより深い関係に進むことを目的として通う者もいる。実際に「月五〇万円でどうだ」などと金額を口にするお客もいる。そこまで露骨でなくても、多くのお客は〝下心〟を抱いている。

しかし、キャバクラは「キャストと酒を飲みながら会話を交わすことができる」こと以上のサービスは提供していない。多くのキャストも、それ以上の関係を望んでいない。深い関係になれそうでなれない、という線でとどめておかないと、お客がついてこないからだ。

そのため、必要以上にしつこく関係を求めてくるお客には、キャストがハッキリと「お客としてつき合っている」ということを告げる。これで怒る客は少ないという。

その代わりキャストとの関係は希薄になるかもしれない。店へ通う回数は減るだろう。しかし、希薄になって切れてしまったら、新規のお客を開拓すればいい。それでも切れないお客は長いつき合いのできるいいお客になる。

キャバクラのルーツ 輸入文化のアレンジ

キャバクラのいまを紹介したところで、キャバクラの歴史的変遷にも触れておこう。

江戸時代以前に繁盛した遊郭や連夜大尽遊びが繰り広げられていた料亭が、キャバクラの元祖であるとはいいがたい。

キャバクラに近いのは明治維新後の西洋文化の浸透後に出現した店である。それがカフェだ。キャストは女給と呼ばれていた。初期のカフェの代表は一九一一年（明治四四年）に開店した「カフェ・プランタン」。二名の女給が接客を行っていた。

カフェから発展していったのがバーで、本来のバーとは違うシステムが採用された。外国文化のアレンジは日本人の得意な分野。たとえばイギリスのパブは立ち席で男性だけで軽く酒を飲むところだが、日本のパブはキャバクラの小さいところというイメージがある。

だからバーも、キャストが接客するところとして発展していった。

終戦直後に大きな変化があらわれる。バーよりも生バンド付きのグランドキャバレーが人気を得るようになったのだ。昭和三〇年代に制作されたクレージーキャッツの映画には、グランドキャバレーが頻繁に登場する。有名なキャバレーは、一九四五年（昭和二〇年）に開店した「メリーゴールド」、力道山が刺殺されたことで一般にも名が知れた「ニュー・ラテン・クォーター」などだ。

この時代のキャバレーは、本家フランスの影響下にあった。キャバレーのルーツは、フランスの「リド」や「ムーランルージュ」というショーを見ながら食事をする大型の店だった。「リド」はシャンゼリゼ通り沿いにある。「ムーランルージュ」はかなり奥まったモンマルトルの丘の麓にあり、そこは全部風俗街。キャバレーに行ったお客は、ショーを見てシャンパンを飲むというのが遊び方だった。やがて踊り子たちがショーを終えたあとに、お客の招きに応じて一緒に一杯飲むという形になった。

そして、お客と深い仲になる。やがてショーガールが年をとると、モンマルトルの丘の麓の風俗街の中で、娼婦（街娼）としてお客をとるようになるというパターンが結構多かったという。

日本の場合は、すぐにショーの部分が消えて、接客が主目的となった。

そしてキャバレーは一般大衆向けの店に衣替えする。一時期テレビの人生相談などで名をはせた福富太郎は、一九六四年（昭和三九年）に「銀座ハリウッド」を開店させた。以後、「ハリウッド」を全国に展開していく。

さらに大衆化が進むと、性的なサービスが求められるようになった。おとなしく酒を飲むよりさわりたいというのが男性の欲求だからだ。そこでピンクキャバレーが登場。「ハワイ」や「ロンドン」は深夜テレビでCMを流すほど隆盛を誇った。「楽しいロンドン、愉快なロンドン」というフレーズを覚えている人も多いはずだ。

オールナイトフジとおニャン子「素人」という商品力

ところが、一九七三年（昭和四八年）の第一次石油ショックによって電力使用制限が行われ、夜の産業は大打撃を受けた。

最大手のハワイグループは一九七八年（昭和五三年）に倒産。しかし支社が独立したレジャーラース（現在の表記はレジャラース）は生き残り、六年後に池袋、新宿にキャバレーの庶民性とクラブの落ち着き感を合体させたキャバクラ形態の店をオープンさせる。

この時代に生まれた商品に、ソニーのウォークマン（一号機は一九七九年発売）がある。カセットテープレコーダーから録音機能を取り去り、ステレオ再生機能に特化するという新発想でつくられた商品だった。ウォークマンは大ヒットし新しい市場を創出した。いまではｉＰｈｏｎｅのような新技術を導入した商品が人気だが、発想の原点はカセット式のウォークマンにある。このように、不況のときにこそ次の新しいビジネスが芽を出そうとする。それはいまでも通用する。

一九八三年（昭和五八年）。東京ディズニーランドが開園し、ＮＨＫの連続ドラマ「おしん」が大ブームになったこの年、キャンパスパブ「ブスッ子倶楽部」が誕生。

これはキャストが全員学生という素人っぽさが売り物になっていた。東大や早大、慶応といった大学の学生の中で、キャンパスクラブを開こうとした者も多くいた。すべてがうまく経営できたわけではなく、失敗して学生ローンに手を出し借金漬けの生活となって親に泣きついた例も数多い。

素人っぽさが受けるという現象は、テレビの影響が大きかったようだ。「オールナイトフジ」(フジテレビ系)がスタートし、オールナイターズという女性レギュラー陣が女子大生ブーム、素人美女ブームを巻き起こした。

一九八四年(昭和五九年)、新宿歌舞伎町では実質的なキャバクラ第一号として認知されている「CATS」がオープン。キャバクラで働くキャストは水商売未経験のアルバイトが多く、劣る接客技術がかえって〝素人っぽくていい〟というお客の評価につながった。同時に明朗会計を徹底し、勘定面でも安心感を与えた。

一九八五年(昭和六〇年)、高校生が帰宅する夕方の時間帯に「夕やけニャンニャン」(フジテレビ系)の放送が始まった。この番組からは素人女子高生が多数デビューし、おニャン子クラブと名づけられた。いよいよ素人美女ブームが頂点に達しようとしていた。同年、「現代用語の基礎知識」が主催する日本新語・流行語大賞で「キャバクラ」が表現賞を受賞した。キャバクラは造語だが、造語でしか表現できない世界をつくり上げていた。

この後、正統派キャバクラは数を増やし競争が激化。亜流としてはランジェリーパブなどが登場し、正統派とは別の一大勢力を形成していく。

さらに一九九五年（平成七年）になるとテリー伊藤プロデュースの「六本木HANAKO」がオープンし、キャバクラ多様化時代を迎えた。

キャバクラは性風俗か？
風営法上の定義

一般にキャバクラは風俗と見なされている。いわゆる性風俗とは異なるが、風俗の仲間と考えられているのではないか。では、法律的な位置づけはどうなっているのだろう。

風俗という業種は、「風俗営業等の規制及び業務の適正化等に関する法律」いわゆる風俗営業法上では、細かい規定がなされている。この「風俗営業等の規制及び業務の適正化等に関する法律」では、各風俗の業態は次のように規定されている。難しい文面が多い法律の中では、読みやすく面白いので一部を引用しておく。

【風俗営業等の規制及び業務の適正化等に関する法律】

第二条　この法律において「風俗営業」とは、次の各号のいずれかに該当する営業をいう。

一 キャバレーその他設備を設けて客にダンスをさせ、かつ、客の接待をして客に飲食をさせる営業

(筆者注)具体的にはキャバレー、ピンサロ等を指す。ピンサロの区分がバーだったりするのが面白い。ピンサロ=ピンクサロンは、ソファに座った客に対して、キャストが手や口等を使ってサービスをしてくれる場所。もちろんアルコール飲料を提供する。以下の一~八には、料理店やダンスホール、カップル(同伴)喫茶、麻雀荘、パチンコ店等が該当する。

二 待合、料理店、カフエーその他の設備を設けて客の接待をして客に遊興又は飲食をさせる営業(前号に該当する営業を除く。)

三 ナイトクラブその他設備を設けて客にダンスをさせ、かつ、客に飲食をさせる営業(第一号に該当する営業を除く。)

四 ダンスホールその他設備を設けて客にダンスをさせる営業

五 喫茶店、バーその他設備を設けて客に飲食をさせる営業で、国家公安委員会規則で定めるところにより計った客席における照度を十ルクス以下として営むもの(第一

号から第三号までに掲げる営業として営むものを除く。）

六　喫茶店・バーその他設備を設けて客に飲食をさせる営業で、他から見通すことが困難であり、かつ、その広さが五平方メートル以下である客席を設けて営むもの

七　まあじやん屋、ぱちんこ屋その他設備を設けて客に射幸心をそそるおそれのある遊技をさせる営業

八　スロットマシン、テレビゲーム機その他の遊技設備で本来の用途以外の用途として射幸心をそそるおそれのある遊技に用いることができるもの（国家公安委員会規則で定めるものに限る。）を備える店舗その他これに類する区画された施設（旅館業その他の営業の用に供し、又はこれに随伴する施設で政令で定めるものを除く。）において当該遊技設備により客に遊技をさせる営業（前号に該当する営業を除く。）

この先が風俗関連営業となる（第二条2～5は略）。「関連」という文字が入るだけで営業の中身が大きく異なる。

6　この法律において「店舗型性風俗特殊営業」とは、次の各号のいずれかに該当する営業をいう。

一　浴場業（公衆浴場法（昭和二十三年法律第百三十九号）第一条第一項に規定する公衆浴場を業として経営することをいう。）の施設として個室を設け、当該個室において異性の客に接触する役務を提供する営業

（筆者注）ソープランドが対象になる。

二　個室を設け、当該個室において異性の客の性的好奇心に応じてその客に接触する役務を提供する営業（前号に該当する営業を除く。）

（筆者注）個室型ファッションヘルス等が対象となる。

三　専ら、性的好奇心をそそるため衣服を脱いだ人の姿態を見せる興行その他の善良の風俗又は少年の健全な育成に与える影響が著しい興行の用に供する興行場（興行場法（昭和二十三年法律第百三十七号）第一条第一項に規定するものをいう。）として政令で定めるものを経営する営業

（筆者注）要するにストリップ劇場等、覗き部屋、個室ビデオのこと。

四　専ら異性を同伴する客の宿泊（休憩を含む。以下この条において同じ。）の用に供する政令で定める施設（政令で定める構造又は設備を有する個室を設けるものに限る。）を設け、当該施設を当該宿泊に利用させる営業

（筆者注）モーテル、ラブホテル、レンタルルーム等、女性との性交渉を目的とした個室を提供するところ。

五　店舗を設けて、専ら、性的好奇心をそそる写真、ビデオテープその他の物品で政令で定めるものを販売し、又は貸し付ける営業

（筆者注）ビデオやヌード写真集、大人のおもちゃ等を販売するアダルトショップ等を指している。

六　前各号に掲げるもののほか、店舗を設けて営む性風俗に関する営業で、善良の風俗、清浄な風俗環境又は少年の健全な育成に与える影響が著しい営業として政令で定めるもの

(筆者注) 新手の性風俗を括るための条項である。

一般に考えられている性風俗 (いわゆる射精産業) とは、風俗関連営業のことを指している。法律上はキャバクラも風営法の適用を受けるが、射精産業とは一線を画していることがわかるだろう。

前書きでも書いたように、二〇一六年六月二三日に改正風営法が施行された。その結果、三号営業 (客にダンスをさせ、かつ、客に飲食をさせる営業) のうち、風営法二条の他の項目に該当しないもの、及び四号営業 (客にダンスをさせる営業) を除外されたが、キャバクラは従来通りだ。

キャバクラが輸出産業になる? 世界に類を見ない接客業

来日したフランス人ビジネスマンがキャバクラにハマったという話を聞いた。

先に、フランスがキャバレー発祥の地であることは紹介した。しかし、日本のキャバクラのようなシステムはない。

フランスでは原則として接客のために女性が横についてお酒を飲むところといえば、シャンパンバーとかシャンパンクラブといわれる店だけだ。ここは会員制になっていて、ドアにノブがついていない。内側からしか開かない。お客がトントンとノックするとドアの小さい窓が開いて、常連のお客だとわかったらやっとドアを開ける。中は薄暗く、メンバーばかりが飲んでいる。

まず座ったらお客一人に対して必ず女性が二人つく。日本人のお客なら「日本人ですか」とか「中国人ですか」という話から、「私の名前はミッシェル、シャンパン開けていい？飲んでいい？」というふうに聞いてくる。これが女の子をお店から連れ出すというサインになっている。それで連れ出して安宿のベッドで二人の時間を過ごす。

断わると、その女の子が気に入らないということになって、違う女の子が順繰り回ってくる。このように超プロフェッショナルな性的サービスを楽しむための仕組みはあるのだが、単に女性とお酒を飲んで楽しむというところはない。あるとすれば日本人のためにつくられたカラオケクラブ、カラオケパブだけだ。

日本的な純粋なキャバクラはフランスだけでなく、ドイツにも、米国にもない。

だから、あるフランス人がキャバクラを知ったときは、非常に気に入ってしまった。最初はカラオケバーなどのイメージがあったらしいのだが、実際に行ってみたらカラオケなどなく、忌々しい大音量の音楽に悩まされることもない。そこでは美人のキャストがつく。しかも日本人の女性は脚が太いものだと思っていたのに、折れそうなほど細い。彼はパリに来る日本人観光客を見て、日本女性のイメージをつくり上げていたらしい。

キャバクラのキャストを見て「日本人だって脚がきれいな子がいるじゃないか」といっていたく感動した。だからフランス語の他には英語しか話せなくても、キャストといつの間にか二人きりの世界をつくってしまった。

彼は、キャバクラ・システムを輸出すると絶対に流行すると断言している。カラオケだって最初は「外国で流行るわけがない」といわれていたのが、いつの間にか流行したように、キャバクラも同じように流行るだろうという。

お客の誤解で成り立つキャバクラ 管理された疑似恋愛

「うちのお父さんは真面目だから内緒で働いている」というキャバクラ嬢が多い。真面目なお父さんが抱くキャバクラのイメージは、キャバクラ＝いかがわしい接客をするところなのだそうだ。少なくとも正統派キャバクラでは、いかがわしい接客は行われていない。

この先の話をわかりやすくするために、キャバクラでは何が行われているのかを時系列で追ってみよう。

つまりこうである。初めてキャバクラに入ったとする。新規のお客はボーイに先導されて入店し、席に案内されると、おしぼりが手渡される。そして飲み物のリクエストを聞かれる。

数分待っていると、キャストが入れ替わり立ち替わり接客に来る。新規のお客（初めての来店客）なら、キャストはお客さんに気に入ってもらって自分の固定客にしようと考えるから、名刺を渡してくれるし、頼めば携帯電話の番号も教えてくれる。

しかし、接客内容そのものは、グラスのウイスキーが少なくなればおかわりをつくってくれ、汗をかけば「冷しぼ」（冷たいおしぼり）を渡してくれる。トイレに行くときはついてきて、トイレの入り口の前でおしぼりを持って待っていてくれ、タバコをくわえれば火をつけてくれる。

ただこれらはサイドディッシュであって、メインディッシュは若い美人の女性＝キャストとのおしゃべりである。仕事以外で初対面の女性と会話することはそうそうないから、「今日、横浜工場の生産ラインが止まっちゃってさぁ」などとつい仕事の話を持ち出したくなるのだが、唖然とされるだけだからやめておくべき。

「どこに住んでいるの？」「いつ頃から働いているの？」という〝職務質問〟も避けたほうがいい。だいたいキャストのほうから「こういう店、よく来るんですか」という返事のしようのない質問が投げかけられるので「いいや、初めてだよ」とでもいっておけばいい。手帳を取り出して「二〇〇五年度は一二六回通った」などと正確に答えないこと。

話題が見つからないからといって、キャストを質問責めにしてはいけない。「何でこんなところで働いているの？」「家族は知っているの？」「給料はいくらなの？」「マンションの住所は？」というプライベートな質問や性的な質問はタブー。いくらお客との会話がキャストの仕事といっても限度がある。

対話の最中に、キャストがさりげなく腕や膝にさわってくれるかもしれないが、それはお客の心をそらさないためのテクニックだと心得るべき。それ以上のサービスを求めてはならない。

以上の内容で、一時間約一万円。サービス料・税金等がつくと、一時間滞在して約二万円の請求書を渡されるだろう。

店内ではハウスウイスキー、ブランデーは飲み放題、ポッキーやナッツ類のチャームは食べ放題だが、そんなものを飲食するために総額二万円を払う人はいないだろう。二万円持ってスーパーへ行けば、高級ウイスキー二本と食べきれない量のおつまみを買うことができるのだから。

お客の財布を開かせるものは、キャストとの疑似恋愛的なひとときが過ごせるということだろう。彼女がいない男性なら、店の中であれば即席の恋人を演じてくれるし、妻帯者であっても忘れていた恋心を思い出させてくれる。ちょうどこんな感じだ。

「三枝さん、久しぶり」

(三カ月ぶりに来店したのにちゃんとオレの名前を覚えていてくれたんだ)

「ずっと待っていたんだ」

(名前も覚えていたことだし、本当に待っていてくれたのかも)

「ブランデーをロックで飲むのが好きなのよね」

(好みまでちゃんと知っているじゃないか)

「三枝さんだから話せることなんだけど……」

（オレを頼りにしているようだ）

三カ月のブランクをまったく感じさせない会話が進行していく。そしてチェック（勘定）を頼む頃には（こいつ、オレに気があるんじゃないか）とお客は思うようになる。

このように、プロの接客術を持つキャストほど上手に夢を見させてくれる。しかしその夢は、店側に管理された夢なのである。客に夢を見させる、もう少しはっきり表現すれば「誤解させる」システムが存在しているのである。

おさわりＯＫの店も出現 異端があって正統がある

ここでケーススタディとして取り上げている正統派キャバクラでは濃厚なサービスを行っていない。もし客のほうが無理やりキャストの胸にタッチしようものなら、しつこくキスを迫ろうものなら、注意された上で最終的にマネージャーに叩き出されることになるだろう。そして不名誉な出入り禁止、通称「出禁」を言い渡されるだろう（出禁は闘うオトコの名誉だと、胸を張る人は無視しておいて）。

正統派キャバクラとは別に、若いキャストがセーラー服を着たり、ＯＬの制服を着ているコスチュームパブ、下着しか身につけていないランジェリーパブ等がある。

さらに過激サービスがウリのセクキャバ（セクシーキャバクラ）とか、エクストリーム系と呼ばれるキャバクラがある。こちらは、セクシーダンスと呼ばれるお楽しみがあり、キャストがお客と一対一で対面し、肌を密着させて艶めかしいダンスを踊ったり、太股の上にまたがって目の前で……というようなことが行われている。

ここまでくると性風俗に近くなる。正統派キャバクラを白、性風俗を黒とすれば灰色ゾーンに位置する店だ。灰色ゾーンの店では、店前の客引きも「ナマでさわり放題」「セクハラ好きでしょ、お客さん」などといって客を呼び込もうとしている。

だがこうした店にしても、それ以上の濃厚サービスはなし。当然、お客は〝生殺し状態〟に置かれるために、店を出た後に性風俗店に向かうことはあるが、それはキャバクラのサービスとは別の次元の話である。

キャバクラにビジネスヒントあり 業態分析

キャバクラは店というハードの中で展開している巨大なソフト産業である。お客をいい気分にさせて、決して安いとはいえない料金を支払わせる。それも一回限りではなく、お客は何度も何度も通い詰める。「キャバクラにハマる」という表現があるが、確かにハマって抜け出せなくなるお客もいる。定期預金を解約する程度なら軽症だが、借金をして通うようになると重症だ。

他の風俗産業は別にして、お客がここまでハマってしまう産業は他にはない。キャバクラのノウハウ(お客をそらさない接客技術)は非常に緻密に磨き上げられたものである。パソコンの基本ソフトが米国でしか開発できず世界標準として輸出されているように、〝日本で開発〟されたキャバクラの接客ソフトサービス業の基本ソフトとして輸出できるかもしれない。

このようにキャバクラはソフト産業であると同時に、いくつかの要素を併せ持った複合産業でもある。

キャバクラを業態として定義すると、

①キャバクラは「ズボラ産業である」
②キャバクラは「癒し産業である」
③キャバクラは「時間消費産業である」
④キャバクラは「放課後産業である」

などといえると思う。キャバクラは、これらの要素が合体された複合体なのである。以下、それぞれを説明しよう。

①ズボラ産業

恋愛にはエネルギーを使う。最初に女性と出会うきっかけが必要。会って印象がよければ話をするようになって、食事に誘う。ここまででもかなりのエネルギーを消費する。女性との接触のない職場、学校では、自分で積極的に動こうとしない限りは女性と知り合うことがほとんどない。

欧米、たとえばキャバレー発祥国のフランスでは、女性に話しかけるのがエチケットになっている。電車に乗って隣のシートに座るとき、「どちらまでですか」と声をかける。日本的な考えではナンパだが、フランスでは対人関係をスムーズにするエチケットだ。

ホームパーティも頻繁に開かれている。男同士で飲むのではなく、妻や友人の女性も招く。このように、女性と知り合う機会は多いし、少なくとも女性と会話することに慣れている。

一方、女性との会話に慣れていない日本人にとって、その店に行きさえすれば必ず若くて美しい女性と話せることが保証されているキャバクラは魅力的だ。これこそズボラ産業の典型である。ダスキンが掃除の嫌いな主婦のために、掃除をしてくれるサービスを提供するのと同じように。

そしてズボラ産業はこの先も伸びていく可能性が高い。面倒くささをお金で解決しようという消費者は、これからどんどん増えていく。

②癒し産業

キャバクラではお客が主、キャストが従、ボーイが属という関係が確立されている。だから、疲れたお客は安心して店に入ることができる。店の中では、メイド喫茶でなくてもご主人様である。タバコをくわえれば火をつけてくれ、水割りがなくなればおかわりをつくってくれる。キャストはどんな自慢話でも楽しそうに聞いてくれる。疲れたお客の心が癒されていく。マッサージが肉体的な疲れを癒す産業なら、キャバクラは心の疲れを癒す産業と位置づけられる。

日本には精神面のカウンセラーが少ないが、その一端をキャストが担っている面がある。お客は親しくなったキャストに、仕事上の重大な悩みを打ち明けることがあるという。キャストができるのはひたすら話を聞くこと。するとお客はやがて自分自身で答えを見つける。キャストがカウンセラーだというつもりはないが、心を癒す場所としてキャバクラが利用されているのは事実だ。

③時間消費産業

キャバクラは時間を売っている。キャストと会話する時間を。だが、当たり前のことだが、リサというキャストは一人しかいない。そこへリサの指名客が一時間に六人来てしまったらどうなるか。

単線の線路に列車を同時に上り下り六本運行せよというのと同様の無理難題のように見える。まさか見知らぬ六人を同じ席で接客するわけにはいかない。

しかし、無理難題を簡単に解決する方法がある。六人を適当に離して座らせて、リサが巡回するのである。単純計算で一人の客に合計一〇分間接客する。リサが不在の間の五〇分はヘルプのA・B・C・D・Eがそれぞれ相手をする。これが単線に同時に六本の列車を走らせるカラクリである。時間消費産業だからこそ、一時間を何時間分にも拡大するシステムを整えている。

④放課後産業

学生時代、授業が終わると必ず集まっていた場所があった。それは所属していたクラブの部室だった。授業に出なくても部室には必ず顔を出す。そんな生活をしていた経験があるだろう。

いまは部室の他に、マクドナルドのようなファーストフードやファミレス、カフェが学生たちのたまり場になっている。「テーブル席での勉強はお断り」などという張り紙が出されるほど、ファーストフードは〝部室化〟している。ファーストフードにしろ、カフェにしろ、そこへ行けば友達がいる。だからとりあえず顔を出す。これを放課後産業と呼ぶ。

キャバクラは大人の放課後産業といえる。さすがに会社をさぼりキャバクラへ日参するお客はいないだろうが、会社帰りに必ず立ち寄るお客は珍しくない。キャバクラへ行けばなじみのキャストに会える。ちゃんと席が用意されていて、自分のキープボトルもある。お客はキャバクラに自分の居場所を見つけるのである。

第3章

キャバクラが儲かる仕組み

経営者の算盤勘定
キャバクラの事業経済性

ここでは、経営する側から見たキャバクラの事業運営の構造を点検していこう。基本的な構造、つまり骨格は他の業種と大きく異なるところはない。しかし、水商売という不安定な経営形態の中でノウハウが蓄積されていったために、他の業種よりも不況に強い骨格がつくられている。

①価格設定

顧客が店側から提供されるサービスにどの程度の価値を見いだすか——これが適切な価格設定のキモになる。顧客が店側に望んでいるのは「キャストの質」である。ある一定レベル以上の美人（親しみやすいタイプ、かわいいタイプ等を含む）であり、楽しい会話が交わせる頭のよさである。このようなキャストばかりであれば価格に対する顧客満足度は非常に高い。

質を高めるもっとも効果的な方法は高給を提示することである。他店より高給なら質のいいキャストが集まる。その代わり、売り上げに対する人件費の割合が高くなり、一時間当たりの基本料金を高く設定せざるを得なくなる。

この業界では基本料金の高さと質の高さは正比例の関係にある。お客の好みはさまざまなので高級店へ行けば必ず気に入ったキャストに出会えるとは限らないが、出会える確率は高くなるし、接客技術に不満を覚えることが少なくなる。

一方、低料金のキャバクラは、キャストの年齢が若くなり、その分接客技術が劣る傾向にある。美人度についてもバラツキがある。ただ「若いキャストがいい」というお客も多いので、「安かろう悪かろう」であるとはいい切れない。

高級店の料金面での敷居の高さは、「初めて料金」の設定、割引券の配布といった割引料金の設定により低くする努力がなされている。「初めて料金」というのは、初めて来店したお客に適用する特別割引料金のこと。いわゆるお試し価格である。

基本セット一時間一万円が一時間六〇〇〇円、もっと割安感を強調するのであれば四〇分四五〇〇円という設定をする。この料金なら一時間遊んでも総額（サービス料・税金を含む料金）で一万円におさまるので、新規顧客の獲得に役立つ。

割引券は新規顧客の獲得に役立つとともに、新規顧客を常連客に変える有力な手段になる。割引券を使用すると、支払いは「初めて料金」とほぼ同額で済む。割引券が使える時間帯は店が空いている開店直後の時間帯に限られるが、予算が少ない一般サラリーマンでもなんとか捻出できる料金に抑えることができる。

②固定費・変動費の関係

運営費用の大半は固定費である。その中でももっとも大きなウエイトを占めるのが人件費。人件費には男子従業員の給料とキャストの給料とがある。

男子従業員の給料は年収ベースでは一般企業とそれほど変わらない。しかし、売り上げによる臨時ボーナスが支給されるので、成績次第では高給を得ることができる。成績とは自分が管理するキャストの売り上げのこと。指名の本数、延長の回数、顧客の来店数などが目標に届けば、キャストの売り上げの七パーセント〜一〇パーセントというような形で臨時ボーナスが支給される。この金額は一概にはいえないが、一〇〇万円単位になることもある。

しかし、男子従業員がいくら頑張っても、キャストの給料にはかなわない。キャストの雇用形態はアルバイト。企業年金や健康保険に加入していないので、給料からは税金の源泉徴収分を差し引かれるだけ（罰金による差し引きはあるが）で、残りはすべて収入となる。その額は、時給一時間二五〇〇円、週六日出勤するキャストなら、月額四〇万円程度から八〇万円程度になる。成績上位クラスは時給が上がり、指名料バック等が加算されるので、月収ベースで一五〇万円、二〇〇万円という金額になる。さらに売れっ子になると、店の売り上げの何パーセントという契約を結ぶこともある。

上位クラスは月収分以上の売り上げがあるので高給でもコスト割れすることはないが、問題は最低ランクの不採算キャストである。売り上げよりも給料のほうが上回る〝逆鞘〟が生じてしまうからだ。そこで不採算キャストに改善の見込みがないと判断されれば、早期に雇用関係を解消する。不採算キャストといっても店のカラーに合わないために売り上げが伸びないことも多い。このようなケースでは、他店へ移籍したほうが稼げるようになるので雇用関係の解消は双方にとってメリットがある。

新人キャストの場合は、三日間が勝負だといわれている。担当マネージャーは三日間の働きぶりを観察し、「三日目に食事に誘って本人の本音を聞き出す」という。やる気がない、やる気があっても業界に向かない、店になじまないと判断すればクビを宣言する。「早い時期に辞めたほうが双方のため」だからだ。

③キャッシュインのタイミング

お客が帰るときに支払う料金は、現金かクレジットカード払いである。原則として掛け売り（いわゆるツケ）は行っていない。

クラブの場合、指名キャストが〝お客の財布〟を管理しているために、請求金額を自由にコントロールできるし、その場で精算せずに売掛金としている。

キャバクラでは〝お客の財布〟はフロントが管理し、キャストに回収の義務はない。その都度の精算になるために、立て替え払いをしていたキャストがお客に逃げられ多額の借金を背負うという悲劇はない。

これは毎日多額の現金が店へ流れ込んでいることを示している。つまりキャッシュ・フローが潤沢なわけだ。その現金の多くの部分は、月二回（あるいは毎週）の給料支給システムによって、滞留することなくキャストに渡る。キャストは給与の大半を他の業界で消費する。

このように、キャバクラの世界では現金が猛スピードで回転している。このキャッシュ・フローのおかげで不況を乗り越えることができた店も多い。

奇抜なアイデアよりブランドイメージ キャバクラの事業特性

他の業界では「先行したものが果実を得る」というケースが少なくない。デファクトスタンダードを確立してしまえば、他社は先行企業が定めた枠の中で活動するしか生きる道がない。

しかし、この業界では先行者利益はそれほど多くない。A店が人気になっている要因がセクシーなコスチュームにあると結論されたのであれば、それ以上のセクシーさを強調したコスチュームにすればいい。特許や実用新案があるわけではないので、追随し追い抜くのは簡単である。

他店を真似することは簡単なので、奇抜なアイデアよりも、(a)口コミによる集客、(b)ブランドイメージの確立のほうが重要な要素になる。

実は(a)(b)は互いにリンクしている。「あの店はキャストのレベルが高い」という口コミによって、自然に店の格式が決まっていく。格式が決まればA店という名称がブランドになり、キャストにとっては「A店で働いている」ということ、お客にとっては「A

店の常連である」ということがステイタスになる。

では、もう少し具体的に事業が成功するカギとなるものを探っていこう。事業が成功するカギとなるもののことを、KFS（Key Factor for Success）と呼ぶ。KFSには「それがなければ話にならない、絶対に必要なもの」と「必ずしも必要ではないが、あればかなり有利なもの」がある。これを念頭に置いて、ハードとソフトの両面からKFSを見てみる。

どんな場所でどんな店をキャバクラのハードを分析する

ハードにおけるKFSとしては次のものが考えられる。

①立地・環境

大規模なキャバクラは札幌、東京、名古屋、大阪のような大都市でしか成立しにくい。地方都市では小規模なパブ（英国的なパブではない）は成り立つが、キャストを五〇人、一〇〇人擁したキャバクラは厳しい。キャバクラ人口（キャストとキャバクラへ通う客）そのものが少数だからだ。まして温泉地のような小規模な歓楽街でキャバクラを見つけることは困難だ（自称キャバクラを除く）。

では、大都市ならどこでも成立するのだろうか。

東京のキャバクラは、新宿、池袋、六本木、上野に集中している。性風俗店が乱立する渋谷、新橋、五反田のような地区には少ないし、埼玉県西川口や都内西葛西など首都圏のベッドタウンに位置する歓楽街にもキャバクラがあるが、数十店がしのぎを削るという状況ではない。

この状況から大都市の中でも限られた地域集客力がある地域に集中して出店されていることがわかる。

キャバクラはコンセプトを明確にして質のいいキャストを集めれば共栄共存することができる。一人のキャバクラファンは一店の固定客になるのではなく、数店を巡回するからである。逆に考えれば、数店巡回できるところ、他店と比較ができるところでないと、キャバクラファンが集まりにくいということである。

キャストについても同様だ。キャストの在籍期間は平均三カ月～六カ月といわれる。短期間で辞める彼女たちは、A店からB店へ、B店からC店へと渡り歩く。当然、キャバクラ密集地帯のほうが自分に合った店を選べるし、高い給料を提示される可能性がある。

そして多様な客層が集まるために、店側としてもさまざまな料金体系、コンセプトを選択できるというメリットがある。高めの料金を設定して高級キャバクラを運営する、低めの価格設定にしてマス・カスタマーであるサラリーマン層を狙う、お色気を売り物にして差別化をはかる――というようなことが自在にできる。

このようにキャバクラを成り立たせるには、立地環境が非常に重要である。

②店の大きさ

店の大きさのことを「大箱」「中箱」「小箱」などと呼ぶ。厳密な基準があるわけではないが、大箱はキャスト公称五〇人以上待機している店（実際には出勤率が悪く三〇人しかいないこともあるが）のこと。お客が同数入るから実質一〇〇人が飲食できる規模になる。中箱はキャストが二〇人～三〇人規模。それ以下なら小箱になる。

お客の側から見ると、大箱はキャストの人数が多い分、選択肢が多いというメリットがある。好みの女性に出会える確率が高くなるというわけだ。逆に小箱には独特の落ち着きがあり、好みのキャストがいれば居心地のいい空間となる。どちらがいいかは好みの範疇だが「キャストが選べる」「ショーをやっている」等の理由で大箱、中箱のほうが楽しめるという人が多い。

店の入り口をどこへ構えるかも重要な要素。いちばん入りやすいのは平面店舗だ。店が一階にあって入り口も一階。ボーイが「いらっしゃいませ」とドアを開けてくれると、そこが店内という形態が、お客に安心感を抱かせる。次いで地下店舗。ボーイが地上の入り口に立っていて、入り口で指名するとトランシーバーで店内と連絡を取りながら案内してくれる。平面店舗ほどではないが初めてのお客でも入りやすい。

空中店舗はエレベーターを使うために事前に口コミや情報誌等で店の状況を知っていないと心理的な抵抗がある。エレベーターのドアが開くと〝恐ろしいこと〟が待ちかまえているのではないかという恐怖心を抱く人もいる。そうした心理的抵抗を除くために、一階に案内役（呼び込み）を配置して、表現は悪いが、言葉巧みに、エレベーターに乗せてしまう店もある。行き先が優良店であれば、案内役はお客に勢いをつけるための有効な手段なのだが……。

キャストの揃え方
キャバクラのソフト＝キャストを分析する①

次にソフト面でのKFSを見ていこう。ここではまずキャストの揃え方から、キャストを分析してみる。

①キャストの数

キャストの数を揃えることは、顧客満足度を高めるために非常に重要である。お客の好みは千差万別。美人系好み、かわいい系好み、しとやか系、活発系、年齢、経験……キャストの数が多ければ多様なタイプを揃えることができ、お客の好みにヒットする確率が上がる。

また、常に新しいキャストを入店させることによって店内の鮮度が保たれ、常連客を飽きさせない工夫ができる。逆にキャストが少数だと接客する顔ぶれが毎回同じになって新鮮味が薄れ、お客の来店頻度は次第に減少してしまう。

ディズニーランドが定期的に新しいアトラクションをデビューさせて鮮度を保っているように、キャバクラも上位クラスのベテランは別にして、ヘルプクラスのキャストのリニユーアルは必要な条件である。

②タレントの発掘

集客力のあるキャストは、お客の気持ちを推し量る能力、お客との距離の取り方に天性のものを持っている。営業電話をかけるのでも、かけるタイミングはもちろん、「今日来てね」という露骨な営業ではなく、「急に声が聞きたくなったの」というような恋愛初期を思わせるような切り出し方ができる。

また、お客のキャラクターに合わせて「どうして来てくれないの」「もう知らないからね」「来なさいよね」というように計算された親しさを演出して、恋人からの電話のように錯覚させるテクニックも使える。

このような天性のものを持つキャストは、店側が意図的にナンバーワンに仕立てることがある。フリーのお客をどんどんつけて、指名が取れるような環境づくりをする。二週間も続けると、このキャストはトップの地位を獲得するようになる。トップに立つと地位を維持したいという欲が出てくる。こうなればあとは店側がフォローしなくても、一人でお客を獲得するようになる。

キャストに求められる能力
キャバクラのソフト＝キャストを分析する②

コミュニケーション能力を備えているキャストは高い集客力を持つ。他を圧倒するような美人は、一時的には美貌だけで集客できるが継続は難しい。お客が会話していても面白くないからである。コミュニケーション能力には二種類ある。

①バーバル・コミュニケーション（言語コミュニケーション）

容姿は他のキャストとそれほど変わらないのにコンスタントに集客しているキャストはプラスアルファの要素を必ず備えている。それがコミュニケーション能力なのである。

キャストがお客に聞く三要素は1名前、2職業、3年齢である。この他、自宅の場所などを聞いて共通の話題を探す。相手のプライバシーを根ほり葉ほり聞くのは好ましくない。むしろお客が口を開くように仕向けることが大切である。そしてお客が提供してくれた話題の中から自分が興味のあることを聞いていく。これで会話のキャッチボールが成り立つようになる。

ただ、すべてのキャストが天性の能力を備えているわけではないので、マネージャーが朝礼などで話題を提供することもある。あるマネージャーが「話題に困ったら飼っているペットの話をしろ」と教えたところ、店内がペットショップ状態になったという笑えない話もある。

②ノン・バーバル・コミュニケーション(非言語コミュニケーション)

会話以外のコミュニケーション能力も、お客との関係を良好に保つための重要なファクターである。

【視覚的要素】

顔……お客の好みがハッキリ分かれる要素だ。美人顔だけが好かれるわけではない。親しみやすい顔だからこそ指名が取れているキャストも多数いる。

化粧……面接担当者が「あるレベルを満たしていれば美人でなくても採用する」というのは、キャストのイメージは化粧によっていかようにも変えられるからだ。

一般的にはOLメイクよりも濃いめの、女性タレント風になる。和服なら濃すぎると思えるくらいのほうが引き立つ。地味な新人が数日で華やかなイメージに変わることがあるが、これは化粧や髪型を〝夜仕様〟にチェンジしたためだ。

スタイル……全体に細めの女性が好まれる。スタイルのよさ、脚の細さは特に重要。性風俗のほうでは人気のある巨乳系は、キャバクラでは絶対要素ではない。

服装のセンス……基本はミニ。ドレスアップデーにはフォーマルドレスや和服を着るが、パンツルックは絶対に許可されない。キャストの悩みは衣装代がかさむことだが、店側が用意した貸し衣装をいつまでも着用しているキャストは成長しないという。個人で購入する場合は、自分の好みに合った着たい服が選べるが、貸衣装では「その子のイメージに合わないことが多いので浮いた感じになる」からだ。

【聴覚的要素】

声質……研究熱心なキャストはいくつかの声のトーンを使い分ける。宴会のノリの陽気な席では高め、一人で来て悩みを抱えているような客には低めの声というように。声の質も大事。キャストは酒を飲み、タバコを吸う頻度が一般女性よりも多いので、低めの声になる。しかし、落ち着いた酒の席ではデメリットではない。むしろいわゆるアニメ声のような個性的な声は好き嫌いがハッキリする。

【触覚的要素】

スキンシップ……会話の途中でさりげなくお客の膝に手を置いたり、肩の当たりに触れたりしてスキンシップをはかると、お客の満足度が上がる。もっとも酒の席なのでスキンシップはお客のほうが積極的だ。膝をさわるくらいならいいが、しつこく胸をさわってくるお客もいる。そうした場合、手を握るというスキンシップが有効だという。お客の側は「手を握っていてくれる」と満足し、キャストのほうは手の動きを封じ込めることができるからだ。

【嗅覚的要素】

香水……香りがきつすぎず、本人のイメージにあった香水は、お客を嗅覚的に酔わせる。しかしセンスがないキャストがつけると、お客のスーツに匂いが移るほどきつく、辟易することがある。それであればつけないほうが無難だ。また流行を追いすぎて、自分に合う合わないに関係なくベストセラーの香水をつけていると、印象を薄める逆効果にしかならないことがある。

ショータイムは何のため　キャバクラのソフト＝ショータイムを分析する

キャバクラの売り物にショータイムがある。ショーメンバーはキャストが兼ねる場合と、専門のダンサーを雇う場合がある。これは店の方針によって異なる。

またショーの内容も、ダンスをメインにした本格的なレビュー、セクシーさを売り物にしたショー、プロの振り付け師を雇わずに自分たちで構成を考える学芸会的ノリのものなどさまざま。

衣装についても、毎回新作をつくる、つくらない（出来合いのレンタルで間に合わせる）等、予算（一〇〇万円前後）の関係でいろいろなケースがある。

しかし、ショーはキャストにとって晴れ舞台であり、強力な営業ツールになっている。「今日から新しいショーだから見に来て」という営業電話をかけられるし、ショーメンバーになることで指名客以外にも顔と名前を売ることができるからだ。

キャスト管理も疑似恋愛で
キャバクラのソフト＝男子従業員を分析する

ある店の男子従業員の肩書きはこうなっている。地位が高い順に1店長、2副店長、3ヘッドマネージャー（店長の上にキャプテンを置くこともある。また123を店長が兼ねることもある）、4チーフマネージャー、5マネージャー、6サブマネージャー、7ホールスタッフ（ウエイター）。

これとは別に職務として8リスト（お客の出入りや伝票管理）、9ラッキー（キャストのつけ回し）、10ホール（酒や氷等を配る）、11フロント（会計）等がある。

このうち、キャストを管理するのはマネージャーの役目。キャストとお客が疑似恋愛関係なら、キャストとマネージャーも疑似恋愛関係にある。

マネージャーのもっとも重要な仕事は、キャストの教育とキャストを出勤させることである。

新人キャストにはマニュアルを手渡すが「読む子はいない」とマネージャーはいう。店側としても、ファーストフード店のように画一的な応対をされてはお客を怒らすだけなので、それほどマニュアルを重視していない。その代わり、マネージャーが接客教育を施す。といっても、水割りのつくり方、マドラーの持ち方、店内の符丁といったごく基本的な事柄だけで、それ以上は実際に接客しながらの「オン・ザ・ジョブ・トレーニング」（OJT）となる。

ナンバークラスや真面目なキャストは自己管理ができるが、性格的にルーズなキャストもいる。

マネージャーが嘆く。

「いろんな理由をつけて休みたがる。風邪で熱があるといっても信じてはダメ。これから見舞いに行こうか？　というと『何とか出勤できそう』なんていう答えが返ってくる」

マネージャーはキャストを出勤させるためには、目覚まし時計の役目もすれば、悩み事の相談にも乗る。誕生日やノルマを達成したときなどには小物程度のプレゼントも贈る。

「とにかく、つねにおまえ（担当キャスト）を気にかけているという姿勢を見せることが大切」とはベテランのマネージャーの談だ。

気にかけられているという意識が、疑似恋愛から本当の恋愛感情に変わっていくことも珍しくない。お客との疑似恋愛はキャストの側に「このお客は（優しくしてくれる相手なら）私じゃなくてもいいはず」という意識がつきまとっているが、マネージャーに対しては「私でなければダメ」（担当なのだから当然）という意識になる。

だからマネージャーがアフター時に「誰と行くのか」「家に戻ったら電話をしろ」とキャスト管理の観点から業務上の指示を与えても「私のことを思ってくれている」と受け止めてしまう。マネージャーは自分の採用担当者でもあるので、よりあこがれが強くなる。

男子従業員の側からすれば、疑似恋愛関係での管理はしやすいという。ただ、それ以上に関係が進んでしまうと、キャストをひいきしたり、キャストが嫉妬したりして、逆に仕事に支障が出てしまう。そこでどの店でも男子従業員とキャストの交際を禁止している。それがどの程度守られるかは、店の規律のゆるさによって異なる。

また、疑似恋愛関係での管理をいやがるキャストも多い。彼女たちは自己管理ができるために「マネージャーは特に何もしてくれなくてもいい。朝だって自分で起きられる。悩み事があればこちらから相談する」というように、仕事と割り切った対応を望んでいる。

男子従業員は、お客に対しては、最大限のサービスを提供することを求められる。ラッキーなら、お客が指名キャストに飽きていないか、逆に指名キャストが席を外したままで怒っていないか、ヘルプとは相性が合うか等を観察している。

「指名キャストと長いつき合いがあるお客は、もう話すことなんかない。席がはじけていない（二人でボーッとしている）ようなら、抜いてヘルプをつけることもある」

ホールは氷の交換、酒や食べ物のオーダー、灰皿の交換、おしぼりが欲しい、胃薬が飲みたい……というように膨大な仕事が待っている。もしお客にキャストがついていないようなら、場を持たせるために話しかけて水割りをつくるということまでする。

男子従業員の世界は、完全に実力制でしかも厳しい縦割り社会。能力があれば自分より年上の従業員でもあごで使うことになる。そして能力があれば数カ月という短期間にウエイター↓サブマネージャー↓マネージャーというように出世階段を駆け上っていく。

逆に能力がなければいつまでも下のほうをウロウロしていることになる。入社試験はあるが、簡単な筆記試験程度。実力社会だから、ペーパーテストの成績など意味がないからだ。その代わり、「女の子に囲まれて派手な生活ができる」などと浮ついた気持ちで入ってくると、一カ月も保たずに辞めることになる。それほど厳しい。

報酬についても先に紹介したように、実績が大きくものをいう。いま日本企業が徐々に取り入れている実力主義が、キャバクラの世界では昔から当たり前のように取り入れられている。

グループ経営のメリット 事業間のシナジー

日本企業では、独立採算の事業部制を敷いて失敗するケースが見受けられるが、キャバクラの世界では独立採算の事業部制が当たり前で、事業間のシナジーも高い。つまり、他の店との相乗効果が期待できるというわけである。

お客にまずAグループの店なら明朗会計だから安心だ、というイメージを植えつけ、次に、お客の要望に合った店を選んでもらう。

商品であるキャストは、店に合った人材を採用する。X店で上位の成績を残しながらもある程度の年齢に達したらより高級感のある（ということはお客の年齢層が高い）Y店へ移籍してもらう。このほうがキャストにとっても実力を発揮しやすい。

研修は接客の質を高めるために重要なファクターなのだが、店によってバラツキがある。ある系列では研修を行っているものの、給与や勤務のシステムについて説明するだけ。接客についてはOJTだという。せいぜい水割りのつくり方、タバコの火のつけ方、店内の符丁くらいしか教えない。

またレベルが高いと評判の店でも、入店時期によって研修内容の濃い、薄いがある。ある時期に入ったキャストは水割りのつくり方を教えられなかったために、ウーロン茶のような濃い水割りをつくったり、グラスに手を添えずにマドラーでかきまわしたり……という時期があったという。「お客さんに教えられて覚えたんです」というのだから、まさにOJTだ。

また、ある店では全員参加のミーティングのときに、一カ月なり半月なりのスケジュールをキャストに覚えさせている。お客がキャストに「新年の営業はどうなっているの」と質問したときに、ミーティングに参加していれば「新年は三日から営業しています。ワタシの晴れ着姿を見に来てくださいね」と営業することができる。

ボーイやリストなどの男子従業員の教育についても、レベルの差が激しい。高級店と呼ばれるところでも、ボーイがきびきび動くところと、キャストが呼んでもなかなか来ないところがある。特にお客が難題をふっかけたときの対応などに教育の差がハッキリと出てくる。

一方、経理や全体的な管理は本社が一元的に行う。福利厚生の一環である寮には、入居希望の系列全店のキャストが住むために、空き部屋が少なく運営効率がいい。

しかし、キャストにしてみれば、そんなことはどうでもいい。気になるのは人間関係。特に男子従業員との関係だ。

ラッキーをやっていて「あいつ、自分の担当の女の子だけひいきして新規のお客につけるのよね」なんて批判されるようでは、担当以外のキャストがいうことを聞かなくなる。

しかし、キャストに対して弱腰ではなめられる。いうべきことはいい、公平に接し、「今日の髪型、似合っているね」などとほめ、悩みを聞いてやり、ノルマの達成を厳命し、張り切っている子には自腹で報奨金を渡し、遅刻しがちな子にはモーニングコールをかけてあげて……というくらいでないと、出世は望めない。

この世界は女性が主役。演出家である男子従業員は主役をコントロールする術を身につけなくては淘汰されてしまう。

店長は女性たちと男子従業員をまとめながらノルマを達成する義務が課せられている。ノルマが達成できなければ一〇万円単位の罰金が待っている。

また、美人女性にばかり囲まれているから男子従業員はついクラッときてしまいがちだが、風紀違反も一〇万円単位の罰金。一般企業だって商品を横領した社員には厳しい処分を下す。だから高額罰金もやむを得ないのだろうが、それでも風紀違反はなくならない。

お気に入りのキャストは花形？　問題児？　PPMモデル分類

ボストン・コンサルティング・グループが考案したプロダクト・ポートフォリオ・マネジメント・モデル（PPMモデル）は、事業の魅力度と競争上の優位性の評価を単純化したモデル。縦軸に市場成長率、横軸に相対市場占有率を取る。縦軸は上に行くほど市場成長率が高くなる。横軸は横に伸びるほど相対市場占有率（シェア）が高くなる。

このモデルでは、市場占有率と成長率が高いセグメントを①花形事業、市場占有率は高いが成長率が低い事業を②金のなる木、成長率は高いが市場占有率が低いセグメントを③問題児、市場占有率も成長率も低いセグメントを④負け犬と位置づけている。

この分類はキャストにも当てはまる。

①はナンバーをめざす売り出し中のキャストだろう。年齢は二一歳～二三歳。お客がもっとも好む「若いキャスト」だ。これ以上若くなると、子供っぽさが強調されてしまう。成績はグングン伸び、比例して時給も高くなる。

②はナンバークラスのキャストだ。彼女たちが店の稼ぎ頭。誕生日ともなれば店内に置ききれないほどの花がお客から届き、指名客で満席になる。年齢は二四歳〜二七歳で、オトナの女の魅力も備えている。不安要素はいつまでナンバーでいられるかということ。

③は新人キャスト、ヘルプのキャスト。PPMモデルでは問題児だが、この世界では必要なポジショニングともいえる。新人はともかくとして、ヘルプがいなければナンバーが稼ぐことができない。お客をほったらかしにしてしまうからだ。ヘルプが上手なキャストは、成長の余地がある。その成長の方向が、全員ナンバー指向でいいのかということは、考え直してみる必要があるだろう。

④は無欠（無断欠勤）当たり前。〇〇デーと名づけた店のイベントにも協力的ではない。この世界は雇用形態があいまいなので、負け犬は簡単にクビになってしまう。だから窓際キャストは見かけない。また、A店では人気が出なかったとしても、B店に移籍したら指名が増えたという例は珍しくない。店の雰囲気・指導・人間関係などで化ける可能性のあるセグメントである。

キャバクラには、①〜④のタイプのキャストが程よく入り交じって居心地のいい空間をつくり出している。

どこまでお客のニーズに応えるか　マーケティングとセリング

マーケティングは「顧客は何を求めているのか」という発想が原点になっている。マーケティングを重視した結果、ランジェリーやセーラー服で接客してくれる店が誕生した。さらに「タッチOK」「完全ツーショット」をうたったり、かつてノーパンしゃぶしゃぶで話題になった天井にボトルサーバーを取りつけて「覗く」楽しみを提供したり。この業界はマーケティングを重視すると性風俗系サービスへ向かうようだ。あまり過激になりすぎると、もっと直接的にサービスしてくれる性風俗系の店のほうがいいということになりかねない。

セリングは「企業が考える製品・サービス」が出発点になる。正統派キャバクラはこのタイプ。顧客満足度は追求しても、一定の枠をはめて範疇外のサービスは提供しない。キャストやボーイの接客技術を高める指導はしても、キャストにスキンシップを強要することはない。

本来、サービス業はマーケティング重視なのだろうが、ヒトの本能的な欲望には限りがないのでセリングの立場のほうがうまくいくことも多い。

では、キャストはどの立場なのか。「私が気に入ったお客じゃなきゃ、サービスなんてぇ、しない」

キャスト本位。もちろん、マニュアルにある応対はしてくれるだろう。席について水割りもつくらず知らん顔しているキャストはいない(いたとすればお客は相当嫌われている)。だが、それ以上の気持ちのこもったサービスを提供してくれるかどうかはキャストの胸先三寸。

接客上手なキャストは、話好きのお客なら聞き手にまわり、口べたなお客には積極的に話しかけている。

心の中では(その話、知っている)と思っても、「へぇ？ そうなんですか」といっておけばいい。キャストは「賢こすぎてもダメだし、バカでもダメ」といわれているが、成績のいいキャストは頭がいい。受験勉強的な頭のよさなどではなく、機転が利き、人の気持ちを汲むことができる頭のよさがある。

また、友達感覚の距離のつかみ方もうまい。完全にお兄ちゃんとか、お父さんとかの感覚で関係をつくってしまう。こういうキャストは疑似恋愛に持ち込まずに、父性愛をくすぐる。

接客は人間の心と心の問題、相性の問題が絡んでくるので難しい。だからこそ、キャバクラにはマーケティングの教科書には書かれていない世界がある。

はやる店には理由がある マーケティング環境分析

不況に強いキャバクラだが、倒産する店もそこそこ存在した。それはマーケティングの環境分析を怠ったからだ。マーケティング環境分析は、(A)外部分析と(B)内部分析に分類できる。キャバクラで重要なのは(A)外部分析。それは、①マクロ環境分析、②顧客分析、③競合他社分析の三つに分かれ、店側にもお客の側にも適用できる。

①マクロ環境分析はキャバクラ利用人口、歌舞伎町人口、テレビ・雑誌に取り上げられる頻度から、経済情勢まで幅広い。いまのところ、歌舞伎町人口に変化はないようだが、「お客さんが延長する時間が短くなった」という報告もある。「タクシーを使わずに帰れるように一一時を過ぎるとチェックを頼むお客さんも多い」とも。

ということは、ゆっくり楽しむのなら一一時過ぎがいいということ。九時、一〇時のピーク時はキャストが足りなくなり、一対一の接客すら望めない（ほうっておかれる）ことがあるが、時間が遅くなれば、一対一のこともある。費用対効果は抜群に高い。

②顧客分析はキャバクラに来るお客の職種分析である。高級店は年齢層が高く、自営業者、あるいは高役職者が多い。「よくお金が続くと思うくらい頻繁に来るのよ」とあきれられているお客もいる。

値段が安くなるに連れて一般サラリーマンの姿が増える。郊外店ではお客が低年齢化している。ガテン系の職業も増える。それに合わせてキャストも一八歳、一九歳という未成年が目立つ。音楽が大音響でかかり、会話も困難。「自分に合わないキャバクラは拷問を受けているのと同じ」というキャバクラファンもいる。店側の顧客分析は重要である。

お客の側も自分が所属するセグメントを把握することが重要。自分では若いと思って未成年キャストが多い店へ行くと、「話題が噛み合わず会話が困難だった」ということもある。

③競合他社分析についてはどうか。新規オープンやリニューアル時に、競合店の長所を取り入れ、欠点を排除した店をつくることがある。スタートが重要だからキャストも選りすぐっている。店同士も競合他店を分析しているが、お客側も他店を分析してみるといい。

インターネットを使ったお客同士の情報交換では「○○はいい」と盛んに具体的な店名が出ている。情報誌は悪い店は載せない、悪いことは書かないというスタンスのようなので、店の細かい部分まではわからないがキャストの容姿だけはハッキリわかる。ただ掲載されたキャストの多くは「あの写真は写りが悪かった」と考えているようだから、多少割り引いてみる必要があるかもしれない。もっとも写真のほうがいい、というケースも珍しくないのだが。どちらにしろ、お客同士の情報交換＝口コミは店側にとっても、お客の側にとっても重視すべきである。

お客が来店するまでのプロセス
ＡＩＤＭＡモデル

お客が来店するまでには実はいくつかのプロセスを経てきている。お客がどのプロセスにいるかによって、プロモーションの方法が異なる。消費者の態度変容プロセス「ＡＩＤＭＡモデル」では顧客の態度を、①注意、②興味、③欲求、④動機、⑤行動の五段階に分けている。

①注意段階の顧客には認識度を向上させる＝キャバクラという存在を知らしめることに重点を置く。

②興味段階の顧客には商品に対する評価育成を行う＝キャバクラは庶民的な料金で楽しく遊べるところと認識させる。

③欲求段階の顧客にはニーズ喚起を行う＝若い美人のキャストと楽しくお酒が飲みたいのではないかというニーズに気づかせる。

④動機段階の顧客には購入意図の形成を行う＝歌舞伎町へ行けば深夜まで遊べる、バレンタインデーやクリスマスはもちろん定期的にイベントを行っているという足を向けさせるキッカケを与える。

さらに、

⑤行動段階の顧客には購入意欲喚起を行う＝具体的にはキャストからのアプローチが効果的だ。

「声が聞きたくなったから電話した」「イベントをやるから遊びに来て」という営業電話を定期的にかけるわけだ。

携帯なくして営業なし
プライベートネットワークの活用

携帯電話とメールのおかげで営業活動がしやすくなった。以前はキャストは店内の公衆電話から営業電話をかけていた。このため電話する時間が限られるというデメリットがあった。お客の側も会社に営業電話がかかってくると迷惑に感じることが多かった。そしてキャストもお客も、自宅の電話はよほど親しい関係にならない限り教えたくないという思いがあった。

こうした状況が携帯電話の普及で一変した。「ケータイ教えて」「メルアド教えて」といえば、お客は簡単に教えてくれる。従来の固定電話（自宅の電話）に比べて携帯電話の番号やメルアドは教えやすい。仕事用、プライベート用と分けることもたやすい。キャストもいつでも電話をかけメールが打てる。営業時間帯でも指名客の来店が悪ければ相手に「いまとっても暇なの。遊びに来て」という電話をしたりメールを送れる。お客の側も外出中でも、会社でも、自宅でも安心してキャストの電話を受けられる。都合が悪ければ切っておけばいいのだから。さらにキャストは番号通知してくるので、電話に出るか出ないかという判断が事前に行えるようになった。これは諸刃の剣で、お客のほうも通知しないと出てもらえないから、通知したら、やっぱり出てもらえなかったという悲劇も生まれている。

このように、前項「5行動段階の顧客には購入意欲喚起を行う＝具体的にはキャストからのアプローチが効果的だ」ということが簡単に実践できるようになったのである。また携帯電話によって同伴、アフターも気軽にできるようになった。待ち合わせの約束や場所・時間の連絡がリアルタイムにつく。店側のキャスト管理も楽になった。起床を促す電話、状態把握の電話がいつでもかけられる。

このように従来の固定電話が公式なネットワークだとすると、携帯電話はプライベートネットワークといえる。プライベートネットワークの発達により、キャストとお客の関係はより深まったといえるだろう。

あの店には負けられない優位性を築く差別化戦略

キャバクラ同士の競争に勝つためには、競争の優位性を築く必要がある。他の店よりも特徴を出す。差別化できればいいということだ。

キャバクラが一軒しかない地域がある。一般論でいえばサービスのレベルは低くなりがちだ。競争がないので店側に油断が生じるからだ。

新宿歌舞伎町や池袋のようにキャバクラが密集しているエリアでは「隣の店とはちょっと違うよ」という差別化に精を出す。それは値段の設定であったり、コスチュームであったり、女の子の質であったりする。女の子の質といっても脚がきれいな子ばかりとか、コギャル風の制服が似合う子ばかりとか、非常に細部にわたって特徴を出していく。

お客の質によっても差別化の方法が異なる。二〇代、三〇代の若いお客を中心として集めようとする店と、四〇代や団塊世代を狙っている店というのは店のつくりが違う。ソファの置き方、ソファ自体の品質、もちろんインテリアにも違いを出す。若いお客を狙う店は、店内にモニターを設置して話題の映画を流すというようなことも行っている。これは接客技術の低いキャストをサポートする意味合いもある。話題に詰まったときにモニターを指して「あの映画見た?」「あなたはどの俳優が好き?」「最近どんな映画見たの?」というように話題をつくることができるからだ。

さらに若い人向けの店なら、会話が困難なほどのボリュームで音楽を流すという方法だってある。離れていては話ができないから、二人の密着度が高まる。密着度が高まれば会話はいらなくなる。キャストが隣に座っていればお客が満足する状況がつくり出せる。

第4章

今夜も
貴女の客になる

なじみ客を狙うか新規客を狙うか 二つの顧客マーケティング

マーケティングには、

①顧客維持型マーケティング

②顧客創造型マーケティング

の二つがある。両者の大きな違いは、顧客維持型マーケティングが客の維持・囲い込みを主な目的としているのに対し、顧客創造型マーケティングは新規顧客の獲得を主な目的としているところである。

このマーケティング手法はキャバクラにも当てはまる。

特徴的なのは、料金が高く顧客の年齢層も高い高級店は顧客維持型マーケティング、料金を低めに抑えており顧客の年齢層も低い大衆店は顧客創造型マーケティングに向かう傾向があることだ。

顧客維持型マーケティングは、少ないマーケティングコストで収益を上げることができる点、顧客からの意見等のフィードバックがクオリティアップに生かせる点で積極的に採用する意義がある。

しかし、この手法が適しているのは東京なら新宿歌舞伎町、池袋に立地する都心店。郊外のサテライト店では顧客創造型マーケティングのほうが営業戦略として合致しているようだ。

高級店の絶妙なお客の囲い込み 顧客維持型マーケティング

顧客維持型マーケティングでは、ⓐ非ターゲットを底辺として、ⓑ潜在顧客→ⓒエントリー顧客→ⓓカスタマー→ⓔクライアント→ⓕ宣伝者（頂点）というピラミッドが描ける。頂点に近づくほど顧客のリレーションシップ強度は高まる。つまりキャストを含めた店側が顧客一人ひとりを把握するようになるのである。

具体例を挙げると次のようになる。

キャバクラ未体験者が一人で店に入ることは稀である。多くの場合、誰かに連れられて来店という形態をとる。

ここにⓐ非ターゲットだった三枝氏がいるとしよう。三枝氏は酒を飲むことは好きだが、もっぱら同僚の佐藤氏と小料理屋で飲んでいた。ある日、佐藤氏が「キャバクラへ連れていってやるよ」と三枝氏を誘う。三枝氏は噂には聞いていたものの未体験だったキャバクラ行きをＯＫする。

佐藤氏に案内されてキャバクラＱに入った三枝氏は、この時点でⓑ潜在顧客に変わる。キャストの接客いかんで常連客になる可能性を秘めている。幸い、三枝氏好みの相性のいいキャストと出会えたために、近いうちにまた来ようと決意する。その決意通り、翌週、三枝氏は一人で来店した。ⓒエントリー顧客になったわけだ。

しかし、ⓒエントリー顧客の時点では、三枝氏にはなじみのキャストがいない。ヘルプで何人ものキャストがついたが、相性はいまいち。そこで前回接客してもらったさやかさんを場内指名する。場内指名されたさやかさんは、三枝氏が自分の常連客になる可能性があると見て、名刺を渡し電話番号とメルアドを交換する。

翌日から、さやかさんのメールが届いたり営業電話がかかり始める。最初は「もしもし」のあとに「クラブＱのさやかです」という枕詞（自己紹介）がついている。

営業電話に釣られて三枝氏は再び来店するようになり、入店時にさやかさんを指名する。

さやかさんは三枝氏との会話の中からプロフィールや趣味を知り、話題のリストに加える。釣りが趣味のようなら「私、釣りってやったことないんですけど、とても興味があるの」という程度の話題でいい。三枝氏のほうが一生懸命釣りについて語り始めるからだ。さやかさんは「すごい、すごい」と相づちを打ちながら聞いているだけでいい。三枝氏は（もしかしたらさやかチャンと釣り行ができるかもしれない）と期待するようになる。三枝氏のキャバクラQ通いが始まる。これでⓓカスタマーへ格上げされたことになる。

毎週定期的に来店する三枝氏を、店のボーイたちも覚え、「三枝様」と呼びかけてくれるようになる。さやかさんからの電話は店名を略して「さやかです」だけになる。三枝氏としては親密度がアップしたような心持ちになる。

やがて三枝氏は、さやかさんを同伴やアフターに誘うようになる。キャストと店外デートするようになればⓔクライアントに格上げである。

三枝氏は酒の席では必ず「Qへ行かないか」「Qはいい店だよ」と頼まれたわけでもないのに宣伝する。顧客とはありがたいもので、自分がいいと思ったものは、損得抜きで積極的に他人にすすめたがるのである。もちろん、飲み会があったときは「二次会はQにしよう」と提案することも忘れない。こうして三枝氏はⓕ宣伝者となって頂点を極めることになる。

宣伝者というのは、個性ある商品には必ず存在する。パソコンを例にとれば、顧客の数では圧倒的にＷｉｎｄｏｗｓが勝っているが、宣伝者の割合はＭａｃのほうが多い。トヨタと新たにグループに入ったスバルの比較では、顧客数はトヨタが多く、宣伝者の割合はスバルが多い。

女性下着でも、ワコールのような大手よりも、訪問販売のシャルレに宣伝者の割合が多い。シャルレの場合、宣伝者の数は約九八二万人（メイトと呼ばれる階層で、二〇〇五年三月期の新規メイトの累積数）という。メイトがさらに熱心な宣伝者となると特約店になり、代理店となって販売の第一線に立つ。顧客は販売者でもあるのだ。

大衆店は一見客で勝負 顧客創造型マーケティング

低価格の大衆店では、たくさんの一見客を呼び込もうとする。低価格といっても居酒屋レベルよりはかなり多くの出費を余儀なくされるので、対象となる顧客層が週一回というような短いサイクルで来店することが難しいからだ。

そこで顧客創造型マーケティングによって新規顧客を獲得する方向へ向かう。この場合のピラミッドは、非ターゲット↓ターゲットの二種類しかない。一般に大衆店は料金が安い。開店直後なら一時間二〇〇〇円、三〇〇〇円から、遅い時間でも五〇〇〇円程度。指名料などのオプションも無料か一〇〇〇円程度の低価格であることが多い。総額でも一時間一万円でお釣りが来る。当然、総売り上げが低いので、人件費を抑えるために、キャストを二〇歳前後のアルバイトを中心とした構成にしている。このため、高級店のキャストのような高い接客技術は望めない。しかし、顧客の年齢層も低いため、キャストの若さ、素人っぽさがかえってウケている。

さて、非ターゲットが来店しターゲットに変わったとする。しかし、キャストはお客の携帯電話を聞き出したり、名刺を配ることをしない（もちろん店により指導は異なる）。来店サイクルが長いために、営業電話をかけても効果が薄いからだ。うっかり電話を教えると、お客は来店せずに電話だけ頻繁にかけてくるケースもあるという。

こうした店でも、カスタマーやクライアントは存在するが、その割合は、高級店よりもずっと少ない。そこで街頭でのチラシの配布、雑誌広告等で新規顧客の来店を促すことになる。お客の側も、価格が安いので「ちょっと寄ってみるか」という感覚で来店できる。

つかんだお客は逃がさない顧客維持テクニック

常連客のウエイトが高い高級店では、顧客をいかに放さないかが重要な課題になっている。キャストにとっても、新規顧客を開拓するよりも、常連客に繰り返し来店してもらったほうが効率がいい。知らないお客の接客をするより、気心の知れたお客のほうが楽だという現実もある。ここでは顧客維持型マーケティングが生きる。具体的にはこうだ。店内が混んでいてお客がすぐに入店できないとしよう。一〇分、二〇分なら店内の待機場所で待ってもらうが、四〇分、一時間待ちとなるとお客は帰ってしまう。そこで待機場所でビールを提供し、手の空いているキャストが接客する。この時間は料金にはカウントされない。

また系列の喫茶店や居酒屋を併設しておき、そちらへ誘導することもある。居酒屋なら待機場所の椅子に座って待たされるよりも苦痛ではない。しかも、待っている間に、お客がお金を使ってくれる。飲食代はお客が払うものなのである。「待つのはイヤだ」とお客がいい出したときはどう対処したらいいのだろう。お客が入り口で「帰る」と口にしたら、男子従業員は素早くお客がいつも指名しているキャストを呼ぶ。「いまリサさんが挨拶に来ますので」といわれれば、お客は入り口で待つ。わざわざ会いに来たのだから、一目だけでも会いたいと考えるのが当然だからだ。

キャストも常連客を怒らせたくないから、あわてて駆けつける。そして「ゆっくりお話がしたいから、もう少し待っていて」と頼む。ボーイに「待っていてください」といわれるのと、気に入っているキャストに「待っていて」と頼まれるのでは、効き目が違う。さっきまで「帰る」といっていたお客は「もう少し待ってみるか」という気持ちになる。

先に紹介した定期的なショーの内容変更やイベントなども顧客維持の方策である。キャストには評判がよくない強制同伴という指示も、キャストのやる気を奮い起こさせ、疎遠になっているお客の掘り返しをさせるための手段として用いられている。

店がキャストにお客の携帯電話の番号を聞けと指示しているのも、顧客維持のための重要なツールになるからだ。特に用件がなくても「声が聞きたくて」といってかければいい。お客は「覚えていてくれたのか」と感激して、再び足を運ぶようになる。

ところが、競争のない地域のキャバクラでは、店に対してロイヤリティの高い顧客よりもフリーのお客を重視するようになる。もともと固定客が少ないために、売り上げを高めるためにはフリーを呼び込むしかないのだが、そうなると店の雰囲気が悪くなる。悪くなる、が言いすぎだとすれば、常連客の居場所がなくなる。そのためロイヤリティの高い顧客をどんどん手放してしまう。

一方、フリーの客は気まぐれだから、二度と来店しなかったり、来ても三カ月に一回というように売り上げにはほとんど貢献しない。また、こうした店は混雑した場合の対策なども講じていない。冬の寒空の下で、二〇分、三〇分待たせようとする。

これでは悪循環のスパイラルに陥ってしまう。サービスが悪いから客が来ない→客が来ないからサービスが落ちる→そのエリアにはお客が集まらない→キャバクラが成り立たない、というスパイラルだ。

特徴が明確なら損した気分にならないお店のポジショニング

キャバクラはポジショニングについて非常によく考えられている。

まず店のポジショニング。料金的に高級店なのか、中級店なのか、大衆店なのか。そして高級店なら大人の雰囲気をウリにし、大衆店なら若さをウリにする。その上でキャストのポジショニングについて、美人系を揃えるのか、かわいい系を揃えるのか、年齢は高めか低めか……等を決める。大手グループは、すべてのポジショニングに対して出店し、お客を囲い込もうとしている。もう少し具体的に説明しよう。

大衆店の場合、お客は「安かろう悪かろう」ではないかと警戒する。ところがキャストの質は悪くない。ただし、年齢層が若い。アルバイト感覚で入っている時給の安い一八歳～二〇歳を主力としているからだ。

時給が安いとはいえ、ファミリーレストランで働くよりもずっと収入がいいので、容姿を基準にふるいにかけられるだけの人数は集まる。接客技術の未熟さは若さが補う。また、お客も同世代の若者が多いので〝失礼〟を失礼と感じない。年齢の高いお客が来店した場合でも、自分の娘のようなキャストでは接客について多くを期待しないし、失敗してもそれをかわいいと感じることができる。

だから「安かろう悪かろう」とは感じない。

逆に高級店ではコストをかけられるので、接客技術のしっかりしたプロのキャストを高給で雇うことができる。お客は料金なりの接客が受けられ、しかも大人の会話が楽しめる。

このように、どの店もポジショニングを明確にしている。

割引になるからまた行ってみるか一見客を常連客に変える

顧客維持型マーケティングを側面から支援しているのが割引制度である。一度来店すると、割引券（割券）をくれるところが多い。スマホ画面で割引券を表示させるところもある。五〇パーセントOFFと書いてあれば基本料金が五〇パーセント割引になる。その代わり、入店時刻に制限があることがほとんどだ。これは、開店間もないお客の少ない時間帯（七時〜八時頃）の集客対策とリピーター確保対策を兼ねているからである。

七時台、八時台はお客が少ない。七時台などは相当な繁盛店でも二組、三組という程度。ここを割引券のお客で埋めるわけだ。七時台にお客が少ないのは当然のことで、「今日はキャバクラへ行く」という目的を持って六時に会社を退社し、直行しなければ間に合わないからだ。

そこで早い時間帯は一時間のセット料金を低く抑えたり（一万円のところ七時台は八〇〇〇円というように）、割引券を使えるようにしているわけだ。

また割引券は、一回の支払いが安くても一人二万円程度になるキャバクラでは、リピーターをつくるための強力なツールになる。五〇パーセントOFFと書かれていると、料金が半額になるような錯覚に陥るし、有効期限があるので、それまでに使おうという気持ちになる。実際の請求は、五〇パーセントOFFの対象は基本セット料金（最初の一時間）だけで、〝定価〟の延長料金・指名料・サービス料・税金という別費用が発生するので、総額が半額になることはない。それでも、割引券の魅力は大きい。

割引券は店内で渡されるほか、店のロゴ入りウェアを着た店外の案内人（ぽん引きと呼ばれる悪質な客引きとは異なる）が配布したり、風俗店情報センターなどに用意されている。

さらにメンバーシップ制を取っているところもある。これは月一万円程度の会費を徴収する代わりメンバー料金を設定したり、無料招待券を送付したりという特典を設けている。無料招待券といっても最初の基本セットだけ（一時間一セットなら最初の一時間だけ無料。延長はメンバー料金の実費）なので、追加支払いは逃れられないのだが、リピーターとなって毎月数回通うつもりの常連予備軍には、魅力的に映るだろう。

キャバクラが混雑するのは九時以降。一〇時、一一時にピークを迎える。多くのお客が居酒屋などで下地をつくってから「キャバクラでも行くか」と考えるからだ。一二時になるとほとんどの方面が終電を迎えるために一度、お客の入れ替えがある。帰宅するお客が抜けた後に、アフター目的で入店したお客が座り、そのまま居続けているお客と合流する。なかには近くのカプセルホテルをキープしてから入る熱心なお客もいる。

割引使ったら延長して割引戦略のデメリット

割引券を使った割引による集客戦略にもデメリットがある。

ここではまず、割引による集客戦略のデメリットについて、激しい顧客獲得競争を繰り広げている米国のクレジットカード業界の例を紹介しよう。米国の経済学者F・ライクヘルドとW・サッカーによると、米国のクレジットカード業界では、顧客を獲得した翌年、つまり二年目から利益があがる構図になっているという。

新規加入した一年目は顧客一人当たり五一ドルのコストがかかっているが、利益はゼロ。

二年目になってやっと三〇ドルの利益があがる。三年目で四二ドルの利益があがり、やっと初期投資の五一ドルを回収できる。逆に顧客が一年目で会員を辞めてしまうと、五一ドルのコストだけが残ることになる。日本でも「新規加入一年目は年会費無料」をうたうクレジットカード会社が多いが、無料につられて入会した顧客の離脱率をいかに低くするかが重要な課題になっている。

キャバクラの割引によるデメリットの原因は料金体系にある。お客は割引券を使いたがる。五〇パーセントOFFの割引券なら通常料金の半額（基本セット料金が対象）で高級店の雰囲気が味わえるのだから、当然のことではある。しかし店側にすれば売り上げが半分になるわけで、延長してくれないと利益が出にくい構図になっている。先のクレジットカードの例と同じである。

そこで対策として、お客が割引券を使い基本セットだけで帰った場合には、指名料のバックの割合を低く抑えるというようなシステムを取っているケースがある。指名されたキャストは、延長してもらうためにサービスに努めることになる。

破産しない程度の中毒者に仕上げるお客を管理するのはあくまでキャスト

フリーの客とは、誰も指名しないで入店したお客のことである。

店側はお客に相性のいい相手を見つけさせようとして、いろいろなタイプのキャストを席につける。特に新規のフリーのお客の接客にはキャストも気合いが入る。気に入られれば指名客として確保できるからだ。

また、新規客専用の格安のセット料金を設定しているところもある。通常一時間一万円のところを、お試しセット四〇分六〇〇〇円などという料金だ。

キャバクラの高級店ほど、フリーの客の比率が下がる。フリー三対常連七、あるいは二対八くらいだろうか。お客から見ても「会ったことある」という人ばかりだ。しかし、顔見知りだからといって、客同士が親しくなることは滅多にない。お客の目的はキャストとおしゃべりすることだからだ。お客同士の親交を深めるシーンが見られるのは圧倒的に居酒屋が多い。

常連客は月四回〜八回程度は顔を出す。常連を超えるとジャンキーになる。キャバクラ中毒。「夕方になると体がムズムズしてきて、ハッと気がつくと自宅とは反対方向の新宿方面行きの電車に乗っていたりする」のだという。

「次に気づいたときは店の前。なじみのボーイに『いらっしゃいませ』と声をかけられて入店。ソファに座るとやっと意識が戻る」

キャバクラジャンキーになっても手が震えるようなことはないが「クレジットカードの使用明細を見るとめまいに襲われる」のだそうだ。お客を管理しているのは、実は店ではなくキャストである。店は箱を提供し、その中で自営業者的立場のキャストがお客を呼び込んで働くという構図である。

もちろん、キャストは店から給料をもらい、担当という管理者の指示に従って働いている。その部分だけを抽出すると会社とOLという関係に映るが、実状はもっと複雑だ。

キャストの収入源は固定客（指名客）である。繰り返し来店し指名してくれるからこそ、店からもらう給料が増える。そこでプロ意識の高いキャストほど、固定客の収入（懐具合）に合わせて来店回数をコントロールしようとする。無理に来店してもらって懐具合を悪化させ固定客群から離脱させてしまうよりも、懐具合に合ったペースで繰り返し、長期間来店してもらったほうがメリットがある。

一方、店側は売り上げを向上させるために、顧客の頻繁な来店を促すようにキャストに指示を出す。具体的には強制同伴日を設定したり、ＤＭ（ダイレクトメール）の発送、強制電話営業という手段を取る。

ここに店側とキャストの思惑の違いがあらわれる。会社とＯＬのベクトルは同方向だが、店とキャストのベクトルは同方向とは限らない。微妙にズレていることもあるし、まったく逆方向を向くこともある。

結果的にはキャストの意思が優先される。お客はひいきのキャストについており、キャストの方向を向いているからである。

高級店の４Ｐ戦略
マーケティング・ミックス

繁盛している店は意識的にしろ無意識にしろ四Ｐ戦略を取っている。

４Ｐとは、

Ｐｒｏｄｕｃｔ

Price
Place
Promotion

のこと。この4Pをミックスすることによって、顧客満足度が高まり、顧客が維持されるのである。4Pとは次のように訳せる。

①Product＝顧客の要求対応重視
②Price＝顧客重視
③Place＝顧客に応じたマルチ店舗
④Promotion＝顧客が情報発信者

キャバクラの場合、①Productは、店がさまざまなタイプのキャストを採用することで対応している。容姿なら美人タイプ、かわいいタイプ、性格なら活発なタイプ、しとやかなタイプ、というように。

②Priceは、顧客用の割引券や会員システムの採用である。常連客だけが享受できるメリットを用意することで、他の店へ流れることを防ぐ。

③Placeは、系列店の展開である。系列店は基本である質の高いサービスをそのま

まに、店のコンセプトを変えて、それに合わせたキャストを用意する。若さと明るいお色気というコンセプトなら、キャストの年齢層を低く抑え、露出度の高いコスチュームを着せるという戦略を取る。

④Ｐｒｏｍｏｔｉｏｎは、宣伝者を多くつくることである。顧客満足度が高まれば宣伝者は増える。新規顧客が口コミや常連客の紹介というケースが多い以上、Ｐｒｏｍｏｔｉｏｎは重要な項目である。

場内指名で楽しさを知る 二回目でクライアントにするシステム

昔は、二回目に店（当時は遊郭だろうが）に行くことを「裏を返す」と呼び、三回目から「なじみ」になる。裏を返すのはお客の側のエチケットでもあった。

新規来店したお客をなじみにできるかどうかは、お客が裏を返したときの接客にかかっている。

そこでキャバクラには場内指名というシステムが用意されている。

このシステムの使い方をお客の立場から紹介すると次のようになる。

新規のお客も、二回目は店内（場内）の雰囲気にも慣れてくる。そこで初回に出会った感じがよかったキャストにもう一度会いたいという気持ちになる。

ただ注意すべきは、初回の〝興奮状態〟のときに脳裏に焼きつけたキャストの印象と、二回目に会ったときの印象が異なることがあるということ。相手の体調等によって接客態度が変わることもあるだろうが、お客の側が相手を美化しすぎていることも珍しくない。

これはキャバクラ以外でも頻繁に体験することである。相手が人間とは限らない。たとえば新車を購入しようと考えたとき。まずディーラーへ出向き、ショールームのクルマを眺め、試乗すると「欲しい」という気持ちが前面に出ているために、あばたもえくぼ、何でもよく見えてしまう。そこで冷却期間をおく。二、三日後に出直すと、あれだけよく見えたクルマの欠点が見えてくる。あばたはあばた、えくぼはえくぼと判断できるようになる。それでも、えくぼの数があばたの数を上回っていれば、契約書に印鑑を押す。

話を戻す。二回目に来店したときに前回の印象のよかったキャストをもう一度呼びたいというときに、場内指名というシステムが用意されている。

冒頭で解説しているように指名制度というのは本指名と場内指名の二種類があり、店内に入るときに「あいさん」と名前を告げることを本指名といい、場内指名は先ほど説明したように席に着いてから指名すること。どちらでも同じようなものだが、キャバクラではこの二つは大きく違う。特にキャストにとっては本指名は自分の成績に直結する重要な事柄なのである（これについては後述する）。会社的な表現をすれば、場内指名が仮契約、本指名が本契約と置き換えられるだろうか。

また、場内指名は「顔は覚えているんだけど、名前がわからない」というときにも使える。まず店内に入ってしまって、ぐるりとキャストを見回し「あの子を呼んで」とボーイに頼む。

場内指名で呼ばれたキャストは、お客にまだ本指名するほどなじみのキャストがいないと知ると一生懸命接客するはずだ。

話している最中に、膝に手を置いたり、なにげなく手を握ってくれたり……。これには「あなたに一目惚れしました」という意味ではなく、「次回は指名してね」という思いが込められている。そして名刺を渡し携帯電話の番号を教えてくれるだろう。かつては電話番号を聞き出すのが一苦労で、聞き出したことが勲章になるという時代もあったが、いまは携帯電話の普及によって、本指名客になる見込みがあるとわかれば簡単に教えてくれる。

メールアドレスならお客が断っても押しつけてくるだろう。

翌日の夕方には、キャストから携帯電話に「昨日はごちそうさまでした」というコールがある。目に見えない電波によって結ばれているという感覚は「また行こう」という強力な動機づけになる。

場内指名によってキャバクラの楽しさを知ったお客は、近いうちに三度目の来店をするようになる。いよいよなじみ＝常連の道を歩み始める。

もう営業電話にあらがえない
三回目で常連気分

三回目の来店になると、営業電話をくれたキャストを本指名するようになる。本指名というのは入店するときに、「いらっしゃいませ！」と大声で迎えてくれるボーイに「あいさんお願いします」と告げることだ。

同一店内に同じ名前のキャストはいない。大半が源氏名という女優でいうところの芸名だから、店側が同じ名前を認めない。キャストが自分が気に入っていてお客に覚えやすい名前をつけるか、店側が名前リストを持っていて選択させる。

店によって「名字と名前をつけること」と定めているところもあるし、「名前だけでもいい」というところもある。また「森野こかげ」というようなユニークな名前を認めてくれる店もあるし、「ふざけている」と却下するところもある。それは店のイメージ戦略によって決まる。最近はキラキラネームも増えてきた。ただ、水商売にあった名前は限られるので、似たような名前のキャストがたくさん在籍することになる。「あい」「あみ」、「れみ」「くみ」、「りさ」「りな」「りか」というように。

さて、本指名をして席に着いて待っていると、あいさんが満面の笑みをたたえて「三枝さん、指名してくれてありがとう。会いたかったたぁ」と感謝の言葉を述べながら、隣に座ってくれる。二人の間は一〇センチ程度離れているだろう。

お客は、あいさんが自分の名前を覚えていてくれたことに感激してしまう。成績のいいプロ意識の高いキャストは、本当にお客の顔と名前を覚えている。初回に数分接客しただけでも、ある程度のデータを頭の中にインプットしてしまう。

しかし、キャスト全員が、一回しか接客したことのないお客の名前を覚えられるわけではない。

それなのになぜ「三枝さん、指名してくれてありがとう」といえるのか。秘密は入店時にある。指名するとボーイに「お客様のお名前は？」と聞かれることがある。「三枝です」と答えると、そのデータがキャストに伝えられるのである。

お客のほうは三回目となると、店の雰囲気に慣れてくる。

キャストとの会話のコツもわかってくる。積極的に手相とか、星座で性格判断しようとするお客もいるが、キャストの側からすれば、手相など何十回、何百回見てもらっているので新鮮な話題でも何でもない。それなのに、彼女たちは喜んで解説を聞いてくれる。しかも間に「すごーい！」とか、（お客の目を覗き込む感じで）「本当？」などと相づちを打ってくれる。会社では厳禁のセクハラっぽい話題も、下品にならない限り問題ない。「キミのバストは何センチ？」、もう少し酔ってくると「彼氏いるの？　週何回？」などと聞くお客もいる。

会社でこれをやると平手打ちを食わされた上に、始末書を書かされたり、出世コースから外されたりするが、キャバクラでは「えー、そんなにないですよ？」「カレシぃ？　募集中でーす。三枝さんカレシぃになってくれますぅ？」なんて答えが返ってくる。本気にしてはいけないが、キャストは本気にしたくなるような方向へ会話を導いてくれる。これが心地よい。

翌日、お客は退社時間を気にして時計をチラチラ眺めるようになる。午後四時三〇分、スマホが鳴る。スマホのアドレスに指名したキャストの名前をインプットしておけば、ディスプレイには「あい」と表示される。

会話の内容は概ね次のようだ。

「昨日はごちそうさまでした。楽しかった。今日も、来てくれますぅ？」

お客のほうは満更でもない。中にはこれだけで「こいつ、オレに惚れたな」と勘違いしてしまうお客もいる。

普通は財布と相談して「今日はダメだな」と答える。すると相手は、

「いつなら会えます？　あしたは新しいドレスを着るから見てくれるとうれしいな」

などと誘ってくる。

お客は抗しきれなくて、「わかった。あした行くよ」と答えてしまう。これが営業電話である。

お客がキャストにのめり込んでいればいるほど、営業電話は効果を発揮する。また店のほうもキャストをバックアップするために、おしゃれをする日、ショーの内容変更、ビン

ゴ大会の日、カレンダーに合わせて正月、バレンタインデー、クリスマスといったイベントを設定している。また、キャストの誕生日なども積極的に教えるように指導している。つまり「新しいショーが始まるの」というイベントのお知らせは、電話をかける口実になるし、「あしたは私の誕生日」は強力な営業ツールとなるからである。

居場所と疑似恋愛 キャバクラは所属の欲求を充たす

四回目、五回目、六回目になると、指名したあいちゃん以外にも、ヘルプ（指名したキャストが席を離れているときに接客してくれるキャスト）と顔なじみになって、みんなが笑顔で迎えてくれるようになる。間隔を開けずに七回目、八回目、九回目と通う頃にはボーイも顔を覚えてくれて、「三枝さん、いらっしゃいませ」と名前で呼んでくれる。荷物も番号札ではなく、名前で預かってくれる。

常連というプライドをくすぐられると同時に、「あー、ここにはオレの居場所があるんだ」と実感する瞬間だ。会社では部下と上司の板挟みになり、ＯＬに無視され、家ではゴロゴロする場所もないお客は、キャバクラに居場所（第2章「放課後産業」の項目参照）を見いだすようになる。キャバクラに行けばみんな笑顔で迎えてくれる。

居場所を見いだすということは、お客自身が居場所を欲求していたということである。

居場所の欲求——この感覚は性風俗と大きく異なるところだ。

性風俗の店には居場所がない。何度も通えば相手の女性はもちろん、店員もお客の顔を覚えてくれるし、名前でも呼んでくれる。しかし、一時間なり、二時間なりのセット時間の間は性欲を満たす行為を行うだけで、精神的な安堵感はないに等しい。また、お気に入りの子が次の一時間は別のお客と性的行為をすることが明確だ。こうしたことから性風俗には居場所を求めにくい。

このような心理的状態を分析したのが人間性心理学者A・マズロー（一九〇八年〜一九七〇年）である。

マズローは、人間には自己の実現に喜びを感じる成長動機があると仮定している。成長動機はいつでも機能するわけではなく、基本的な欲求が満たされていなければならない。基本的欲求というのは生理的欲求などのことを意味するが、ここでは性的な欲求としておこう。

マズローの欲求の階層性を実現した図によると、生理的欲求が底辺に置かれ、他人とは違う能力を持つと思われたい尊厳欲求がその上位に置かれる。性風俗の階層が生理的欲求だとすると、キャバクラの階層は尊厳欲求や社会的欲求なのである。

この階層の違いは余裕となってあらわれる。キャストと疑似恋愛を楽しむ余裕があるのも、キャバクラが性風俗とは違うという（無意識の）認識があるからだ。

キャストとの密接距離の意味
ボディゾーン

常連になると、なじみのキャストとの物理的距離がゼロになる。最初は一〇センチ以上離れていた二人の膝が密着する。

米国の文化人類学者E・ホール（一九一四年〜）は、人間の心の中にも動物のようなテリトリー感覚が備わっていると解説している。これを「プロクセミックス」（造語）と呼んだ。犬が電柱に匂いづけしてテリトリーを誇示するように、人の心にもテリトリーがある。

お互いの親密度が高ければテリトリーは縮まる。ホールは身体周辺のテリトリーを「ボデイゾーン」と呼んだ。

そしてボディゾーンを、

①密接距離
②個体距離
③社会距離
④公衆距離

という四テリトリーに分類した。

お客とキャストの距離で参考になるのは？　密接距離である。密接距離には近接型と遠方型がある。近接型は肌と肌が触れ合う距離。常連客と本指名キャストの距離である。

遠方型は一五センチ程度以上の距離。肌が接することはないが手で相手の身体に触れることができる。キャバクラに通い始めた頃のお客とキャストの距離、あるいはお客とヘルプのキャストの距離がこれにあたる。

キャストと近接型になったお客は、疑似恋愛にひたる楽しみを覚える。店に行けば恋人に会える。それも、店外ではデートする機会もないような魅力的な女性と。容姿的にもレベルが高いし、年齢だって五〇代の男性にしてみれば娘のような年代だ。お客との間隔はキャストが上得意客だからと意識して詰めていることもあるし、無意識のうちに好意を抱いて詰めることもある。また、接客マニュアルで指導していることもある。

逆に明確に禁止をうたっているのが「足を組まない」ということ。一つは足を組んでいると機敏な接客ができないということがある。お客がタバコをくわえたときにキャストが足を組んでいたのでは動きが鈍くなりワンテンポ遅れてしまう。

それ以上に重要なことは、足を組むということは心理学的に相手を拒否するクローズド・ポジションだからだ。確かに、足を組んだキャストには近寄りがたいものを感じてしまう。そのために足組みを禁止しているのである。

このように、経験を積み上げていったノウハウによって疑似恋愛が成り立っている。ファーストフードのように何巻にも及ぶマニュアルが完備しているわけではないが、店によっては数センチの厚さのマニュアルを配布しているところもある。こうした店は全般に接客がうまい。しかし、全キャストにマニュアルの内容が浸透しているわけではないようだ。マクドナルドを観察していると上手下手の差こそあれ、マニュアル通りの応対を見ることができるが、キャバクラではキャストの個性を伸ばす方向を重視している。

そのスキは管理されている お客の欲望に必ずヒットする

キャバクラのコスチュームは、ミニスカートのスーツが基本。正月やフォーマルドレスデーなどではフォーマルドレスや着物を着ることもあるが、通常はミニのスーツ。派生コスチュームとして、バドスーツ（バドワイザーのバドガールが着ているボディコンスーツ）やミニスカポリス（深夜テレビ番組の超ミニの婦人警官制服）などがあるが、どれもミニであることに変わりない。そして胸も開ける。谷間が見えるくらいが望ましいと具体的に指導している店もある。

服装規定違反がないかどうか、高級店ではコーディネーターを雇っている。コーディネーターはボーイに混じって店の隅に立ち、服装規定に違反していないかをチェックするのだ。

同じ服を続けて着ていないか、服の色は店の雰囲気に合っているかまでチェックしている。服の色で扱いが難しいのが黒色。店によってはOKだったり、NGだったりする。NGの理由は、黒服のキャストが多いとフロア全体がくすんで見えてしまうからだ。ただし、色の基準は店によって異なる。黒系の服にゴールドなどの光り物（ネックレス等のアクセサリー）をしたほうが、落ち着いた上にゴージャスな雰囲気を演出できると考えている店もある。

また、コーディネーターは、髪型や化粧のチェックやアドバイスも行っている。キャストそのものが〝商品〟なのだから、最高に見栄えがよくなるように指導するのは当然。

こうした細かい規定があるのは激戦区にある高級店に限られるといっていいだろう。大衆店では服装もかなり自由（私服に近くなる）になるし、店によってはコスチュームが用意されている。衣装代が毎月の出費の多くの部分を占めるキャストにとって、コスチュームの存在はありがたいという。出費が抑えられる上に、コーディネートに悩む必要もないからだ。

キャバクラ・ファッションは超ミニが基本。スカートの奥が「見えそう」というお客の心の琴線に触れる微妙な線を狙っている。

店によっては膝の上にポーチやハンカチを置くように指導していたり、女性が自主的にポーチを置いているが、中には無防備なキャストもいる。また、席の移動のときにチラリと見えてしまうことがある。そうした非日常的なハプニングが起こりやすいところがキャバクラの魅力でもある。胸の谷間も同じ。ウイスキーをつくるとき、何かの理由でかがんだとき、上から見下ろしたときにちらりと見える。ちょっとしたスキで見えてしまうのだ。

もっとハッキリと全部見たければ、歌舞伎町には（キャバクラと同じ値段で）見せてくれる店がある。ついでに濃厚なサービスも受けられるだろう。でも、キャバクラのチラリを好むお客が多い。

これらのちょっとしたスキはつくられたスキである。これでもか、これでもか、というように見せることはしないが、スキあらば見えるようなコスチュームを考えている。キャストのほうも「チラリと見える」ことが、お客を引きつける手段だと心得ている。ただし、「あなたが喜ぶようなパンツはいてきたよ」と露骨に表現するキャストがいる一方で、「やっぱり恥ずかしい」というキャストも多いから、全員が見せることを是としているわけではない。

つくられたスキをお客が喜んでいるという状況は、やはりマズローの欲求体系で説明できる。キャバクラのお客には余裕があるのだ（もちろん例外もあり、店内でハメをはずすお客も存在する）。キャバクラの年齢層が性風俗全般に比べて高いというのは、お客の余裕度も影響しているのだろう。

第5章

ぜったい指名して！

顧客管理と男心を翻弄するテクニック
多彩な攻略法

「やれそうでやれない」「見えそうで見えない、でも見える」というのは、お客である男を翻弄するキャストのテクニックである。しかし、テクニックはこれだけではない。

電話攻撃、ＬＩＮＥ攻撃、プレゼント攻撃、タッチ攻撃というように、彼女たちは多彩な男性攻略技を繰り出す。

メール攻撃はいつでもＯＫだが、相手に出てもらわなければならない電話攻撃となると午後四時三〇分（退社時間ぎりぎりというツボを狙ってくる）の「ごちそうさま」コールを手始めに、「あと一ポイントで時給が上がるの。同伴してぇ。△△さんだけが頼りなの」「いま、一人なの。一人だけでごはん食べるのさみしいからつき合って。お願い」などというお願いコールがある。

「一人」というから〝押っ取り刀〟で待ち合わせ場所に駆けつけると、別のお客と食事中だったりして愕然とすることもあるが、これはテクニックとして稚拙。多くのキャストは、もっと上手に〝騙して〟くれる。

彼女たちの名誉のためにつけ加えれば、誠実なキャストも多数存在する。

また、騙すというのはお客側の表現であって、キャストにしてみれば店のノルマを達成するための、あるいは好成績をあげるためのセールストークであり、ダブルブッキングなのである。「当社のクルマは他社より優れているんです」というセールストークと何ら変わるところがない。

ところが男は騙されたと感じてしまう。だったら「約束が違う」と怒って帰ってしまえばいいようなものだが、「オレは寛容だから怒らないモンね」などといいところを見せようとする。このケースでは完全に術中にハマっている。

プレゼント攻撃とタッチ攻撃「あなただけ」という優越感

プレゼント攻撃は、クリスマスやバレンタインデーに「プレゼント用意したから来て」と複数の優良顧客に電話すること。お客は自分一人じゃない、とわかっていても行ってしまう。そして渡すときには「三枝さんだけ特別製」とささやく。現実には出入りの業者が安く卸してくれることもあるのだが、それを指摘することは「ディズニーランドの丸太小屋はコンクリートでできている」と得意気に指摘するのと同じレベルの愚行である。

　誕生日に贈り物をすれば、必ずお返しがある。「三枝さんのために一生懸命選んだんだよ」といわれると、多くのお客は仕事の予定をキャンセルしてでも店へ駆けつけてしまう。「プラダのバッグを買ってやったのに、お礼はハンカチ一枚かよ」と怒るのは野暮だ。彼女が自分のために時間を割いてプレゼントを買ってきてくれたという事実が重要なのである。こうしてあなたはハンカチ一枚もらうために、一時間一万円のコストを喜々として支払うことになるのである。

　タッチ攻撃は、女性から男性へのタッチのこと。

　お客と話をするときは、膝に手を置きなさい。「本当ですかぁ」といいながら、さりげなく二の腕をさわりなさい。なにげないキッカケをつかんで手を優しく握りなさい……こう指導している店もあるし、キャストが意識的に行っていることもある。どちらにしろボディランゲージは強力な武器になる。お客が話しているときに、そっと手を握られると「こいつオレに気があるな」と思ってしまう。キャストは「マニュアル通り」に行動しているにすぎないのだが……。

指名が重なったとき、彼女はお客の側のリスクヘッジ

人気のキャストほど、指名が重なる傾向にある。一時間に六本の指名が重なると、接客時間は一人当たり一〇分、実質的には七、八分程度だということはすでに計算した。

そこでキャストは計算する。「あのお客はいい人（邪険にしても怒らないの意味）だから、最初の三分とチェックのときに行けばいい」「あっちのお客は気が短いから四分ずつ、三回行こう」「このお客はあと一押しで指名客になるから、一五分つこう」

決して公平ではない。

そして自分が不在の間はヘルプに任せる。ただし任せきりではなくて、ヘルプの接客の様子をチラチラと見て、自分のお客が退屈していないかを判断する。「あのヘルプ使えないよう。ラッキーも気がついてさっさと交替させればいいんだよ」などと。

ヘルプがお客を怒らせているようなら、サッと戻ってフォローする。「ごめんね。早く戻りたかったんだけど、あのお客、離れるとすぐ怒るんだよね。でもあいは、やっぱりあなたのそばがいいなぁ」

これでお客の機嫌は一発で直ってしまう。

人気のあるキャスト、つまりナンバークラスを指名しようというのなら、すぐにいなくなるリスクを考慮しておかなければならない。そしてリスクヘッジとして、場内指名のキャストを数人キープしておく。こうしておけば指名のキャストが席を立っても、誰かお気に入りのキャストが接客してくれるという幸せな状況をつくり出すことができる。

指名替えしてみるお客の側の最終兵器

たまには別の子と飲んでみたい。お客がそういう気持ちになることがある。そこで入り口でいつもの「あい」さんではなく、「ナナ」さんを指名する。この欲望に忠実ななにげない行為が、いつも指名されていたあいにとってはパニックに近い衝撃となる。常連客に、ボーイが聞き返すだろう。「ナナさんですか?」

それほど指名を替えること＝指名替えという行為は、キャバクラでは禁じ手なのである。しかしお客の言い分としては、不法行為を働こうとしているわけではない。誰を指名しようとお金を払う者の勝手だということになる。店側も、お客の意向を最大限尊重してくれる。そこで、ボーイは「ナナさんですか？」と確認のために聞き返すが、それ以上のことは聞いてこない。

しかしキャストにとっては重大事である。ボーイに席まで案内されていく常連客を見て、あいは、すぐに「あいさん、お願いします」というお呼びがかかるだろうと踏んで、いま接客中の相手との会話を終了方向へ誘導する。ところが、常連客の隣についたのは、ナナ。

「なんで私を指名しないの？」

あいはパニックになる。「この前来たときに、何か怒らすようなことをしたのだろうか」〝この前来たとき〟のことが、走馬燈のように頭の中を駆けめぐる。「忙しくて五分しか相手にしなかったから？」「誕生日にバッグを買ってくれと頼んだから？」「奥さんと一緒にいるところに電話をかけたから？」「アフターの掛け持ちをしたから？」「寿司屋でトロばかり食べたから？」「公休日のデートをすっぽかしたから？」

けっこう思い当たる節がある。悪いことばかりしていると思ってしまう。

どれも悪気があるわけではないし、やむを得ないことばかりだ。指名が重なれば一人当たりの接客時間は少なくなって当たり前。お客が奥さんとデパートで買い物しているところかどうかなど、電話の向こうのキャストにはわかるわけがない。

ナナが接客について数分後には、他のキャストたちにも「常連客があいを指名しなかった」という事実が知られるようになる。

あいと仲のいいキャストがあいに「どうしたの?」という無言のサインを送ってくる。仲の悪いキャストがトイレであいに「指名替え?」などと露骨に聞いてくる。「涙が出てくる」という。

ここでお客は「オレに惚れていたのか」と勘違いしてしまいがちだが、間違えてはいけない。「指名替えをされた」という事実が悔しいのだ。

ちょうど、何年も取引関係にある納入業者との契約を、気まぐれで突然打ち切るのと同じ。納入業者にとっては理由がわからない。「納入価格を引き下げてほしい」というような要望が事前に出されていて、それに応じなかったから切られたというのならわかる。でも、突然、「今日から別の業者に変えたから」と通告されたのでは困惑してしまうだろう。大人同士の取引なのだから、最低限の手順は踏むべきだ。

リスクが大きい指名替え お客とキャストには信頼関係も大事

このように指名替えは、常連客にとって強力な武器になる。そこでなじみのキャストの態度に問題があるのなら使ってみるのもいい、という遊び慣れたお客もいる。

しかし、彼女たちにもプライドがある。もう以前のようなかわいい笑顔は見られなくなる。そして常連客にとって怖いのは、「ヘルプであいがつくようなことはないだろうな」ということだ。

が、それは大丈夫。その常連客があいの指名客だったということは店側も承知しているから、ヘルプにつけてお客に気まずい思いをさせるようなことはない。いい店ほど、誰が誰を指名している、あのお客の好みはこう、といったデータベースを持っている。データベースとして保存されていなくても、男子従業員の頭の中にはインプットされている。何しろここでキャストの配置を誤るとお客が逃げてしまうので、顧客管理が徹底されている。

だからといって、お客は指名替えを取引の材料に使ってはいけない。それはフェアではない。指名替えをちらつかせてホテル行きを迫るなどというふらちな使い方をすると、「もう指名しないでください」と逆指名替えされてしまう。そのお客の悪い噂はたちまちキャスト中に広まり、他の女の子たちの接客態度もよそよそしいものになる。

やっぱり伝家の宝刀は抜いてはダメなのだ。そう考えると、指名という行為は諸刃の剣なのかもしれない。振り回せばお客も傷つく。普段は意識して指名しているわけではないのだろうが、指名という行為は重い。

それでも、いつもの子の態度が悪ければ、（客観的に見て）失礼な態度をとられたりしたのなら、最終兵器を使うことも考えるべきだ。核ボタンはお客の手の中にある。

これが銀座のクラブだと、指名替えそのものが不可能に近い。銀座のクラブの場合、多くがメンバー制になっている。一見さんは入れないというのが原則。だから接待などで一回連れていってもらった人がまた行くという形になる。しかもお客がキャストを最初に指名することはできない。ママがお客に合ったキャストをつける。なおかつ役割分担が明確だから、プロのキャスト、つまりキャスト業だけで食べている女性と、ヘルプ専用のアルバイト的な女性というように分かれている。ママが指定したキャストをお客が指名替えしてヘルプと仲よくなろうとしても無理なのだ。

これがキャバクラだと、簡単にできてしまう。キャストとは軋轢が生じるかもしれないが、店側としてはお客の意向を尊重してくれるのである。

こうした柔軟なシステムも、キャバクラ人気を支えている。

あなたは常に監視されている幸せ状態の管理

指名したキャストが席についてから帰るまでずっと隣にいることが幸せなのだろうか。指名料を払ってまで指名しているのだから、幸せに決まっている。そんなのは愚問のようだが、本当にそうだろうか。

正統派キャバクラでは、キャストのしぐさや言葉（会話）だけが客を楽しませる要素になる。常連客の場合、週に二回、三回（毎日通う人もいる）と通っているのだから、いくら好きなキャストでも会話が続かなくなることがある。長くつき合っている恋人のように、会話のないまったりとした時間もいいものだが、最初から最後までまったりしているのも困る。一時間一万円、一秒二・八円なのだから。

そこで、他から指名がかかってお気に入りのキャストが席を外すのも刺激になっていい。倦怠期の夫婦がいろいろ試してみるのと同じ――これはたとえが違う。とにかく、キャストが計算して席を外さなければ、店側がさりげなく指名キャストを別の席に移す。キャストは新規の客に接客できるわけだから新たな指名を獲得できるチャンス。お客はヘルプについたキャストと新鮮な話題で会話ができる。気に入れば場内指名すればよい。

ただし、お客の行動は指名キャストによって〝監視〟されていると考えたほうがいい。監視という言葉が悪ければ、つねに気を配られているでもいい。一人にされていないか、ヘルプのキャストがうまく接客しているか。

ある売れっ子キャストがこういう。「自分が席に帰って来たときに、ヘルプの子と楽しそうにしゃべっててくれるとうれしいじゃん。いいヘルプの子は、その場を盛り上げてお客さんを楽しませるだけで、あえて（自分のお客の）名前とか覚えようとか、気に入られて指名を取ろうという気持ちを持っていないから、安心して任せられる」

しかし、盛り上げすぎるのも困る。「私、この間怒ったんだよ」という。「あるヘルプの子は、自分の出身県の話で盛り上がっていて、私が帰ってきても会話に加わらせてくれないの。私が黙って座っていたらお客さんがこっち向いて『あっ、帰って来たの？』とかいわれて」ヘルプは主役じゃない、ということを彼女はいいたいわけだ。

程よい〝飢餓状態〟未充足感がリピートにつながる

なかには、一人で話しまくるヘルプもいる。その様子を別の席から見ていた本指名のキャストが怒る。「お客さんが、すごい引いてるのね。でも、その子はそういうの気づかないで自分の世界に入っちゃうの。自分の世界に入って相手の顔色をうかがわない。夢中で話しちゃうから、端から見てるとお客さんとかが困った顔していてさ」

他のお客についている最中に本指名のキャスト自身が注意するわけにもいかないから、ラッキー（お客にどのようなローテーションでどのキャストをつけるかを案配する役目の男子従業員）が「よく目を配って対応すべき」と、彼女はいう。「接客中に化粧直したとか、笑い声が大きいとか、くだらない文句ばかりつけていないで、お客を不愉快にしているヘルプを注意しろよな」と彼女は怒りを男子従業員に向ける。

キャストとの考え方の差は存在するにしろ、ラッキーはあることを考えて行動している。

それはお客が〝おなかいっぱい〟になる前に指名のキャストを外し、程よい〝『飢餓状態〟をつくっておくということだ。そうすれば指名キャストが戻ってきたときにうれしさが倍増する。

そろそろチェック（お勘定）の時間だなと思うと、指名のキャストを外す。そうすると、お客は延長するか、という気持ちになる。お金があればいくらでも延長して二人の時間を楽しめばいいのだが、無理なときはチェックを頼む。すると、指名の子が席へ帰ってくる。「チェックのときは、最後に二人の時間を与えなきゃっていうことなのよね。関係ない女（ヘルプのこと）を外して、二人だけになるの」と本指名のキャスト。

なぜ、お客が帰るのがわかるかというと、ある店では「三番、チェック」という紙がキャストに渡される。目立たないように紙の内容を確認したキャストは、接客をさりげなく打ち切って席を立つ。

ボーイが「あいさん、お願いします」と声をかけて抜かないのは「自分で（離れる）タイミングを見計らうため」。強引に話を打ち切られては目の前のお客が不愉快に思うかもしれないからだ。このシステムはキャストも感心するほどよく考えられている。ここまで配慮しない店もある。そうした店ではボーイが直接キャストに声をかけて連れていく。

どの方式にしろ、最初と最後にお気に入りのキャストがつき、出口まで見送ってくれると、お客は「また来よう」という幸せな気持ちになる。

幸せな気持ちは新宿駅や池袋駅へ向かう間に徐々に冷めていくが、電車に乗る頃には携帯に絵文字入りのメールが届き、翌日午後四時三〇分には「昨日はごちそうさまでした」というコールがかかってくる。すると「今日も行こう」という気持ちになる。

店の外で会うとワクワク感が倍増する「同伴」と「アフター」を科学する

同伴——何となしに背徳の響きがある。しかし、キャバクラの場合、キャストの出勤前に、キャストとお客が一緒に食事をしたり映画を見たりすること。そして入店時間になると一緒に店に向かう。

キャストとなじみになると、必ず「同伴して」というお誘いがかかる。かからないようならキャバクラでの行動を反省してみる必要がある。

同伴すると、キャストにはポイントがつく。だから「同伴のお願い」コールがかかってくるのだ。成績がかかっている。

お客は成績のためとわかっていても「同伴コール」が来るとうれしくなる。いくら何でも嫌いな客には同伴を頼まないはずだから、「オレって気に入られているのかな」という気持ちになる。

それに同伴は気分がいい。キャバクラ嬢は、美人度では上クラス。スタイルも抜群。その美人と肩を並べて歩いている。食事をしている。

ふつうなら並んで歩くはずのない美女が、腕を組んでくれたりしている。その代償は高価なプレゼントで支払うことになるのだが、有効需要を喚起すると思えばあきらめもつくだろう。

アフターとは店が終わったあとにキャストとおつき合いすること。おつき合いといっても、焼き肉屋や寿司屋で食事をしたり、別のバーで軽く飲むくらいである。店が終わるのは深夜の二時、三時。サラリーマンなら出社時間を考慮しなければならないので、一、二時間程度しかいられない。キャストのほうも疲れているから、食事を終えたら早く帰って寝たい。それだけなのだが、お客は「もしや……」という期待を抱いてしまう。食事の後はホテルへ……などと空想する。昼間のうちに店周辺のホテルの場所をチェックしている几帳面なお客までいる。

しかし、ほとんどの場合「もしや」は実現しない。キャストは世間が思っているほど〝ふしだら〟ではない。夜中に酔漢相手に接客しているだけで、体を売っているわけではない。ごくふつうの女性たちだ。

もちろん不倫ＯＬが存在するように、体を武器にするキャストもいるだろうが、そうしたサービスを行っても得るものは少ない。

なのにお客は「もしや……」と考えてしまう。

「もどかしさ」の楽しみ 疑似恋愛の魔法

「援助とかあ、やる子はバカだよね」と、自分だって援助交際の対象になりそうな若いキャストがいう。「やらせたって二万でしょう。やらせないほうがいっぱい買ってもらえるよね」

前項で触れたように、疑似恋愛が深まるにつれて、お客は「もしや……」と期待する。しかし、ここで肉体関係を結んでしまうと、そこで終わり。疑似恋愛の魔法はとけてしまう。だからキャストは性交渉を持たない。同伴して、アフターして、恋人気分をたっぷり味わわせてくれても、それ以上には発展しない（させない）。疑似恋愛の魔法が効いている間は、お客は店にも来てくれるし、食事にもつき合ってくれるし、プレゼントも買ってくれる。まさに「やらせないほうがいっぱい買ってもらえるよね」なのである。

ただし、疑似恋愛を続けるキャストは、お客を騙そうとしているわけではない。キャバクラが供給する商品が「疑似恋愛」なのだから、誠実に提供しているにすぎない。

ディズニーランドが想像上の夢の国で遊ばせてくれるように、キャバクラも疑似恋愛の場を提供してくれる。ミッキーマウスがいつも笑顔を振りまいているように、キャバクラ嬢も恋人を演じ続けてくれる。

でも、ミッキーマウスに「オレだけに笑顔を見せろ」と強要できないように、キャバクラ嬢に「自分だけの恋人になれ」と命じることはできない。

くせになるキャバクラ巧妙な会話テクニック

「あれどうせ、あれでしょ……」「何か、枕だね」

二人のキャストが話をしている。「枕」とキャストが指した先には、二人だけでまったりとした時間を過ごしている空間がある。

枕（枕営業）、という表現から想像できるように、お客と肉体関係にあるということ。単に肉体関係にあるというだけでなく、それを武器にお客を集めているということ。

枕営業されたお客はそのお返しに来店させられる。しかし、その他の大多数の常連客はキャバクラに通うこと自体が習慣化している。

今日は行かないと決めていても、夕暮れ時になるとキャバクラの虫が騒ぎ出す。お客が今日は行かない、今日は行かないと呪文を唱えているときに、営業電話がかかってくる。「今日来て！」という単純な内容なら呪文がとけることはないが、巧妙なキャストもたくさんいる。「あなたのあいでーす」などといきなりいわれると、呪文は半分とける。

そして電話口で、「今日さぁ、すごいことがあったんだ」「しゃべっちゃおっかな」。

十分引っ張っておいて、「知りたい？」。

お客が「うん」というと「お店に来て」。

この絶妙なタイミング。駆け引きのうまさには驚かされる。営業電話をうるさいと感じるお客も少なくないようだが、電話一本でお客に足を運ばせるテクニックには、学ぶところがたくさんある。

常連客の中には、キャストよりもマジメに〝毎日出勤〟する人もいる。

「毎日来て寝てるお客さんっている。お店でいっつも。何こいつ、とか思うけど、もう習慣じゃん。だから来ないときとか、私のほうも『なんで昨日来なかったの？　何があったの？』って電話かけて怒るの。『どこ行ってたの？　なんで来なかったの？　ずっと待ってたんだからね。今日こそ絶対早く来てよ』そういうと来てくれる。それで、来て寝ているの」

口をきいてくれる友達がキャバクラにしかいないというお客もいる。独身で、一人暮らしで、会社でも仕事の話以外は無口。会話はキャバクラ嬢との間だけ。会話といっても、豊富な話題を持っているわけではなく、女の子の話を聞いているだけ。それでもうれしそう。

キャバクラがリハビリセンターの役目を担っているようなものだが、いかんせん〝治療費〟

が高い。

このような名物常連客は、どのキャバクラにもいる。一切口を開かない客までいる。何しに来たんだろうと周囲は不思議に思っているが、本人は楽しいらしい。しかしキャストにはつらい時間だ。まさか別のお客と話をするわけにもいかず、黙々と水割りをつくる。無口なお客はこの黙々とした時間がたまらないようだ。

とにかくお客の楽しみ方は多彩だ。単にキャストとの会話が盛り上がればいいというわけではないのである。

全身計算機タイムの限界は六時間 接客の緩急

「私、六時間集中して働いているんだよ」と、ナンバーをめざしているキャストが意外なことをいう。まだ、二〇歳そこそこ。遊びたい盛りなのに、キャスト業に賭けている。だから、営業電話もかけるし、複数の指名客がいるときは時間を計算しながら飛び回る。

「自分の一人のお客さんにずっと長い時間ついてると、何か、ちょっとダルくなってきちゃうのね。いろいろな人のところへ行ったほうが疲れない。でも、お客さんと外で会おうとは思わない。お店以外で会って何か買わせようとか、お金貫おうとか考えてないのね。あとでいざこざになるのイヤだから。本当にお客さんとしてのつき合い、お客さんのほうも飲み屋のねえちゃんとのつき合いみたいに思ってほしいから」

集中していると、いくら時給がいいといっても六時間以上働きたいとは思わないようだ。多くの店は、年末などのかき入れ時になると営業時間を延長する。わずか一時間程度だが、「この一時間が長いし、疲れる」のだ。

そこで、ナンバーをめざしているキャストは上手な休み方をしている。ふつうはトイレに入ってつかの間の休憩を取るだけだが、彼女は気が置けないお客を何人かつくっている。このお客の席なら休めるという条件は、

①無理に話を合わせなくても、自分の好きな話題で盛り上がれる
②お客がいつも素面に近い状態で飲んでいてくれて泥酔しない
③さわりまくったり、強引な誘いをしない
④営業電話をかければいつでも来てくれる

そんなゆるいお客がいるのだろうかと思うが、いる。面白いもので、キャストが頼って

くれることに喜びを感じるお客だって存在するのだ。

店内を大海原、彼女を渡り鳥にたとえるなら、気の置けないお客は航行する船舶。ラストめざして羽ばたいていて疲れたら、船舶のマストにとまって休む。

「お帰り。疲れたでしょう。ゆっくり休みなよ」

「ありがとう、もう疲れちゃった。でもここに来るとホッとする」

この「ホッとする」を聞きたくて、通ってしまう。

他人から見ればいいように扱われているように映るが、このお客はこれが楽しみ。鞭で叩かれたりして痛い思いをするのが気持ちいい、という人だっているのだから、キャストを休ませるのが趣味の人だっているだろう。いろいろなタイプのお客が集まってキャバクラが成り立っている。

本指名と場内指名の狭間でキャスト間の競争意識

プロを自認しているキャストは、指名の本数がステイタスになっている。指名本数は本指名の数。成績は、レジカウンターやトイレの中など女性たちの目につきやすいところに貼り出される。

ナンバーをめざすキャストがいう。「ナンバーの人の順位越しちゃうと逆に怖い。一回越しちゃったの、一日だけたまたま団体とかが入ってくれて、何か一番になっちゃったの。次がいつもトップの人。それでもうその日、超怖くてぇ」

別に、トップのキャストが何か嫌みをいったとか、意地悪したというわけではない。「でも、『お疲れさま』ってすれ違っても『ええ?』みたいな。その次の日にその人に抜かされたの。そしたら、『お疲れさまでした』っていったら、『あっ、お疲れさまぁ』って。偶然かもしれないけど」

ナンバーといえど、別のキャストの指名客に場内指名を受けて、そのお客が帰るときは送り出しに参加する。そしてお客の姿が見えなくなって店内に戻るとき、指名客のキャストに「ごちそうさま」といわなければならない。「ちょっと、ドキドキするものがある」と、ナンバーをめざすキャストはいう。「でも……。今度私のお客さんに○○さん(ナンバーのキャストの名前)を場内で呼んでもらおうかな。それで、また『ごちそうさま』っていってもらうの」

こういってのける感覚（根性でも、度胸でもない）がなければ、ナンバーなどめざせないのかもしれない。

第６章

グローバル・スタンダードな私たち

昼の顔と夜の顔
多重構造化した社会

一流企業のOLや地方の金融機関の真面目な女子職員が、性犯罪に巻き込まれる事件が増えている。彼女たちは会社で見せる顔と、終業後の顔が異なっていた。実はこれが現代人の普通の姿なのである。

あるキャストは、昼間は一般企業で働き、夜はキャバクラでアルバイト、深夜から明け方にかけてインターネットや携帯の出会い系サイトで見知らぬ人とチャット（会話）を楽しみ、掲示板に書き込みをし、ブログで日記を公開する。サイト上では、OLでもキャストでもない第三の自分を演じているという。そして、どれもが「本当の自分」なのだという。

それが象徴的にあらわれているのが、彼女の持つ電話番号である。OLとして会社の代表番号と内線番号を持っている。キャバクラ用のドコモの携帯電話を持ち、プライベートな友達とはauで話す。深夜には出会い系サイトのIDを使う。どの番号、どのIDで話すかによって、いろいろな自分が表に出てくる。いろいろな自分には、それぞれ専用の人的ネットワークがつながっている。

キャバクラネットワークとOLネットワークがクロスすることはないし、携帯ネットワークとインターネットのブログや掲示板ネットワークが一緒になることもない。彼女を上から見ると、OLのA子さんという顔しか見えないが、横から見ると何階層にもなっているA子さんが見えてくる。

このように自分を演じ分けられる、それも無意識のうちに演じ分けられる人が増えている。そのこともキャバクラで働くことの抵抗感を薄めているのだろう。「源氏名で呼ばれている自分は、昼間の自分とは違う人」といい切るキャストもいる。

キャバクラはファミレスの仲間 ボーダレス社会の寵児

年頃の自分の娘が「キャバクラで働く」といい出したら？ 多くの父親は急に不機嫌になって「やめろ」というだろう。実はキャバクラのお客は「やめろ」といった父親たちの年齢層が主流なのだが、他人の娘の手を握っても、自分の娘の手は他の男に握らせたくないと思う。それが親心というものだ。

だが、この気持ちは娘には理解不能のため、父親はさんざん悪態をつかれて「大嫌い」とまでいわれてしまう。父親はキャバクラ＝従来型キャバレーと同じ水商売と考えているから、キャスト↓男と深い仲↓男に騙される↓不幸を背負う、という流れがあり、自分の娘だけには不幸を味わわせたくないと願う。自分自身は店の女の子といい仲になりたいと夢想していても、自分の娘となると話は別だ。

一方「大嫌い」といった娘の頭の中には、キャバクラ＝デニーズの仲間という彼女たちの頭の中ではキャバクラは風俗ではない意識がある。デニーズの時給は深夜勤でせいぜい一二〇〇円程度だが、求人誌に載っているキャバクラの募集広告には二五〇〇円以上と書いてある。だから「どーせ、深夜、働くならぁ、時給いいほうがいいしぃ」と思うのは当然だ。それに求人広告にはコンパニオンとか、フロアレディというように表現されていて、決してキャストではない。コンパニオンという語感から東京モーターショーの案内嬢（コンパニオン）の仕事に近いものを感じているのかもしれない。だから頭の中は、コンパニオン↓高給↓幸せになれる、という流れになる。

それにキャストの顔＝自分の顔ではなく、たくさんある顔の一つがキャストというだけの話である。

クレジットのカードがきっかけ？ 敷居が低くなったキャバクラ

「キャスト↓男と深い仲↓男に騙される↓不幸を背負う」と「コンパニオン↓高給↓幸せになれる」同士が話をしても妥協点が見つかるわけがない。父親はキャバクラは風俗店だと解釈して「ソープやヘルスの入り口だろうが……」と思い込んでいる。娘はキャバクラを「ちょっとディープかもしれないけど飲食店の一つ」と解釈し、風俗店とは一線を画していると思っている。

この風俗店の「内側」か「手前側」かという認識のズレ、線引き位置のズレは、キャバクラを成り立たせている重要な要素の一つである。

そして認識のズレ、線引きの位置のズレに、ボーダーレス社会を感じる。昔なら、きっと父親も娘も同じ位置に線を引いたはずだ。だからこの線を越えた娘にはよほどの事情があるのだと解釈し、事実、事情を抱え泣く泣くこの世界に入った娘が多かった。

しかし、いまは違う。世間一般には〝色眼鏡〟で見る人が多いものの、当人たちの意識は変わっている。

一〇年くらい前には、クレジットカードの普及とともにキャバクラ嬢の数が増えて質が高くなったという説があった。新宿のクレジット専門店でOLが買い物をする。最初はスーツだけを買って帰った。その次はスーツに合った時計を揃えたくなる、その次は靴を揃えたくなる。

そういった形でクレジットを重ねると、すぐに毎月の支払いが四万円、五万円を超えてしまう。一般的な一人暮らしのOLだったら月に五万円の返済は非常に厳しい。とりあえずその借金を返すために短期間で儲けるものという形でキャバクラのほうに入っていくというパターンが多かった。

いまもそうした事情を抱えた女性はいるが、別に泣く泣く入っているわけではない。最初は恐ろしいところだと思っているようだが、働き始めると意外に慣れてしまう。店側も体験入店制度を設けていて、初めての女性の不安を取り除く努力をしている。

さらに日払い制度もある。日給をその日のうちにくれるから、財布の中身がゼロの女性でも食事代を稼ぐことができる。しかし全額を支払ってしまうと、翌日から来なくなるキャストもいるので、三分の一に相当する額だけというシステムが一般的だ。

キャストの管理が売り上げを左右するキャバクラの人事組織

大きな店（大箱と呼ぶ）をいくつも経営する会社は、一般の企業同様組織がしっかりしている。グループを統括する会社内はもちろん、店にも会社組織を持ち込んでいる。店内で社員に該当するのはキャスト。アルバイトを含んだキャスト登録数が一〇〇名以上をうたう大箱の店では、常時七〇～八〇名が出勤してくる。

一元管理はとても無理なので、キャストの管理は課単位で行う。一つの課は一〇名程度で構成され、七〇人なら営業一課から営業七課までつくられている。

各課には「担当」と呼ばれるキャストの責任者がいる。担当はサブマネージャークラス。課長ではなくあくまでも担当。課長はグループ統括会社内の職務を意味するからだ。

担当は自分の部下であるキャストの働きぶりに目を光らせている。新規のお客についたなら「携帯電話の番号を聞き出せ」というような命令も下す。ただし、キャストはアルバイト気分なので平気で「いや」と断ることもある。このあたりが（少なくとも表面上は）命令には従うＯＬとの違いであり、担当のつらいところである。

担当は勤務時間外でも、遅刻や欠勤の多いキャストに電話して、出勤するように促す役目がある。彼女たちの遅刻や欠勤は自分自身の成績に響くので重要な仕事でもある。キャスト側からすれば「目覚まし時計代わりに使える」ということで、酔って起きる自信のない日は「明日午後四時に電話して」と〝モーニングコール〟を依頼されることになる。一〇人の部下がいれば一〇人分。

プライベートに問題を抱えていれば相談にのり、生活費が苦しいキャストには給料の前借りの手続きも取る。キャストの悩みのベストスリーは、①お金、②男、③同僚、だという。

キャストの収入はOLよりもはるかにいいが、使い方も派手。また、入店時に借金を抱えている者もいる。彼氏の問題も深刻な悩み。「キャストは母性本能が強い傾向にある」とある店長が証言するように、キャストは母性本能が強いからこそ、お客の世話をかいがいしく焼くことができる。それが恋人に向かうと、周りが見えなくなるほどのめり込む。周囲は「何で働きもせず、浮気ばかりしているだらしない男がいいのか」とあきれてしまうが、本人は彼でないとダメだという。「これはかりは他人にはうかがい知れない世界」とベテランの担当も匙を投げるほどだ。

担当の上のマネージャーはマネジメント業務を行う。マネージャーは黒服を着ていることからそのまま「黒服」と呼ばれる。店内全体のコントロールが主業務で、店内で起こるトラブルの処理やヤクザ系の人々への対応もマネージャーが行う。

マネージャーの上は店長。そして複数の店長を統括（ということは複数の店を統括）している本社の部長がいる。

給与システムは基本給と毎月の臨時ボーナスという構成。給与システムは店により大きく異なるのであくまでも一例にすぎないが、店長には店の売り上げの七パーセント～一〇パーセントがボーナスとして支給される。売り上げがよければボーナスの額も莫大だが、ノルマが達成できなければ逆に莫大な罰金を科せられる。

担当にはキャストの売り上げの一〇パーセント程度が支給される。自分が管理しているキャストの成績が給与額に直結しているのだ。その意味でも、担当はキャストの管理に躍起になる。

報酬と罰金
マイナス査定の確立

キャストのモチベーションを維持するためには、報奨を与えることが早道であり、確実だ。報奨には金銭的報奨と非金銭的報奨がある。

金銭的報奨では給与、賞与、福利厚生、インセンティブ・システム等があるが、キャバクラでは給与、賞与がメインになっている。

非金銭的報奨には評価、組織と個人の価値観の共有、自己実現の場の提供、人的要素等がある。キャストの評価は指名本数という明確な数字にあらわれる。指名本数が多ければ高い評価、地位、権限が与えられる。権限とは店の経営に意見を述べる権利のことだ。ショーメンバーとなって晴れ舞台に立つことは、自己実現の場の提供に該当する。キャストの中にはタレントやダンサーをめざしている者も少なくない。その第一歩として、お客の前で実力を披露することができる。ショーメンバーには一定の成績をおさめている者でなくてはなれないという規定があるのも、舞台を非金銭的報奨と見なしているからである。

このような一般的な報奨システムとは別に、管理面で管理職以上に効力を発揮しているのが罰金システムだ。

一般企業でもプラス査定を基準にしているところと、マイナス査定を基準にしているところがあるが、キャバクラの場合は罰金制度というマイナス査定が確立されている。

時間にルーズになりがちなキャストを管理するために、遅刻は罰金というシステムを採用している。一分でも遅刻したら罰金。通常、店の時計は数分遅らせてある。それはキャストが出勤時間間際に集中して出店するため、タイムカードの順番待ちが多いからだ。

罰金のシステムにはいろいろあり、何時間遅刻しようが一定額の罰金で済む定額制のところ、一〇分単位で罰金の割合が増える逓増制のところなど。

ここから先は一例だが、定額制では、時給が二五〇〇円の店なら罰金は二〇〇〇円。遅刻の管理は三〇分単位。午後七時入店のキャストが七時五分に入店したとすると、七時半までの二五分間は時給がつかない。

逓増制のところでは、遅刻一〇分単位で罰金の割合が増える。四五分遅刻すると日給の五〇パーセントが罰金で消え、一〇〇分を超える遅刻をすると、出勤欠勤という名のただ働きをすることになる。

欠勤についても罰金制度が適用される。もっとも厳しいのが無欠と呼ばれる無断欠勤。日給の一〇〇パーセント～二〇〇パーセントというところが多い。無断欠勤は店側がもっとも困る。指名のお客が来店しても、対応のしようがないからだ。「ご指名の〇〇はまだ出勤していません。来るかどうかもわかりません」と答えたのでは、お客は怒って帰ってしまう。当欠という電話連絡しての当日欠勤は、無欠よりはゆるい。五〇〇〇円程度の罰金（日給の三〇パーセント程度）から、日給の五〇パーセント、一〇〇パーセントのところまで。不規則な生活パターンのために体調を崩すキャストが多いが、罰金制度があるために不調を押して出勤することが珍しくない。こんなキャストがつくと座が盛り上がらないものだが、常連客には「いいよ。オレのボックスで休んでいきなよ」と優しく振る舞っていい人ポイントを稼ぐチャンスになる。それで本当にいい人ポイントが稼げるかどうかは相手次第だが……。

さすがに、事前連絡済みの欠勤はゆるやかだ。前日までに連絡すれば公休日扱いとなったり、週間工程の作成日前までに欠勤日を届け出れば罰金はなかったりする。厳しいところでは公休日以外の休日を認めないところもあるが、休みの魅力が勝ればキャストは罰金を払ってでも休んでしまう。

出戻りOKの世界 盛んな人的流動性

それどころか「当欠ぶっこいた」「無欠ぶっこいた」と自慢するキャストもいる。当然給料は「笑っちゃうような悲惨な金額」になるが、罪悪感などみじんもなく彼氏や友達と遊ぶほうを取る。「どうせアルバイトだから担当の機嫌などうかがいたくもない」のだ。

罰金制度で面白いのは、出戻り罰金という制度。キャストは簡単に店を替わる。でも、替わった先が前の店よりも居心地が悪いとき、平気で戻ってくる。また店側もそれを許す。サラリーマン社会では、ソニーを辞めて松下に入ったけれど、一カ月働いてみて社風が合わないことがわかったから出戻りしたいといっても認められるものではないが、この世界はよほど能力のないキャスト以外はOK。その代わり一カ月〜数カ月間日給の五〇パーセントしか支払わないというペナルティを課すことがある。ただし、店のほうから戻ってほしいと考えている実力派キャストの場合は、ペナルティなしで戻ることができる。この場合は、かつての担当から「戻らない？」というお誘いがかかるはずだ。

ノルマ未達成も罰金の対象になる。ノルマには①指名ポイント、②同伴ポイント、③売り上げノルマ等があり、達成できないと罰金が科せられたり、査定に響いて時給が下がったりする。

舞台を用意された女優たち イベントで輝く

クリスマス、バレンタインデーなどのイベント日のプレゼント。小物を用意してお客の来店を促す。一品当たりの単価は少額でも、指名客が多いと相当額の出費になる。

誕生日のプレゼントも必要だ。自分が誕生日のときはいろいろなプレゼントをもらう。しかしもらうだけでなく、ハンカチ一枚程度のお返しをする必要がある。お客が誕生日のときは、自分がもらった品物の値段や親密度によってプレゼントを選ぶことになる。

また、多くの店は○○デーという日を設けている。イベントスケジュールを見てみると、ドレスアップデー、フォーマルドレスデー、ミニスカデー等がある。

非日常の空間だからこそ、イベントを数多く設けている。イベント日はキャストたちが一段と輝く瞬間である。お客にも、いつもと違う自分をアピールすることができる。指名客と長くつき合っていると倦怠期が訪れるものだが、イベントを行うことでつねに新鮮さを保つことができる。

それだけにイベント日を忘れていたり、無視すると罰金の対象になる。ドレスアップした以上、ヘアにもより気を配る必要があるので、美容院へ行くことになる。○○デーは毎週のことなので、この出費もかなりの額になる（店側で貸与ドレスを用意したり、提携美容院を紹介したりというバックアップを行っているところもある）。

現金支給が原則です 給料支払いシステム

①給料が銀行振込でなく現金支給

いまだに給料を現金払いにしている店も少なくない。銀行振込にしない理由はキャストの在籍期間の短さにある。平均在籍期間は三カ月～六カ月だから、銀行振込にすると店側（実際にはグループ店を統括する本部）の手間がかかりすぎるのだ（それでも一部の店では銀行振込制度が取られている）。そのため、キャストは給料日の営業が終わったあとに現金で受け取り、自宅へ持ち帰ることになる。翌日の銀行の営業時間帯は就眠中だから入金は困難。ATM入金なら午後六時まで可能だが、その時間帯は出勤前のメイク中だったり、同伴中だったりして銀行へ寄る暇がない。手元に現金があれば使いたくなる。ストレス解消のために服やアクセサリーを買ったり、ホストクラブに通ったり、エステで自分を磨いたり……。OLがもらう給料の何倍もの金額があっという間に消えていく。

②給料が月二回の分割支払い

あっという間に給料が消えても平然としていられるのは、月二回、あるいは週一回訪れる給料日システムがあるからだ。週一回の給料支払いシステムの場合、働き始めて二週間後（週末締め、翌々週月曜に支払いの場合）に一息つける金額が手に入る。しかも、いざとなれば前述したように日給の三分の一程度を前借りできる制度もある。

部下が頑張れば上司も出世できるスカウトによる人材確保

キャバクラには「求人サイトを見て入店したの」というキャストが多い。昼間は学生、O

Lというアルバイト感覚のキャストの多くはこれだ。また、風俗業界専門の求人サイトも運営されている。だが、こうした求人雑誌で集まるのは素人（水商売未経験）の女性ばかり。確実にお客をつかんでいる即戦力は求人情報誌では集まらない。そこでスカウトの登場になる。

男子従業員がスカウトのために街に出ることは多い。

あるナンバークラスのキャストは、男子従業員のスカウトで入店した。

「私の担当の藤井さんの地位が高いのは、ルイさん（ナンバークラスのキャスト）のおかげなの。一八歳だったルイさんを自分がスカウトして入れたから。いまは看板になってるでしょ。だからいまの地位があるの」

話がそれるが、部下が頑張ってくれれば、上司も出世できる。だからポケットマネーを払ってでも、成績を上げようとする。「私この前、成績がいままでの平均を上回ったのね。そしたらお父――自分で『お父って呼べ』っていってるの――が『この成績を保てたらポケットマネーから三万やる』とかいって……」

地位が高くなるに連れて、店を経営していく責任がある。個々の店は上部組織の一営業部にすぎないが、同時に独立採算制によって個別に管理されている。A店は赤字だが、B

店、C店が黒字だから全体として合格、ということはない。全体として収益を見るのではなく、A店の赤字はA店の男子従業員の責任になる。そこで、店長、副店長、マネージャークラスは、まず商品であるキャストの質を高めるためにスカウトに出る。

キャバクラ嬢は派手で目立ちます 路上スカウトの実態

もっともスカウトらしいのが、路上スカウトだ。歌舞伎町のセントラルロードは、俗にスカウト通りと呼ばれている。キャストは一目で見分けられるので声もかけやすい。見分け方は派手かどうか。他の風俗系の女の子は、店側が用意したコスチュームを着るし、入念な化粧は必要ないので、地味な格好で出勤してくる。一般ＯＬよりもずっと地味なことが多い。

キャストを見つけたら「お店どこ？」などと軽く声をかけて名刺を渡す。いちいち立ち止まって移籍条件を聞いてくれる暇なキャストはいないし、スカウトマン自身、店のシステムなどわかっていないことが多い。要は名刺をもらったキャストが後日店に電話をしてくれればOKなのだ。

セントラルロードのスカウトマンが名刺を配るだけのアマチュアだとすれば、ヘッドハンターのようなプロもいる。専業スカウトマンとしては成り立たないようだが、引き抜く腕前はプロ。業界には幅広い人脈を持っているし、人当たりもいい。

人材確保は店の最重要事項だが、いま現在でいえば、素人に関しては集めやすいようだ。OLをリストラされてこの業界に入ってきたというキャストも数多い。テレビ番組やコミックの影響で、〝お水〟にあこがれる女性も増えているようだ。

即戦力が期待できるキャスト条件次第で他店へ移籍

もっとも確実なのは、他店で働く実績のあるキャストの一本釣り。彼女が移籍すればお客も移動してくるし、即戦力として期待できる。

このケースでは、男子従業員が直接キャストに会って移籍交渉を行う。強引な引き抜きは行わない。ライバル店とはいえ、トラブルを起こすような引き抜きをすると、自分の店が報復を受ける可能性があるし、キャストのほうもいつ出戻るかわからないので、円満移籍を願う。

移籍条件としては、給料（時給）の高さはもちろんだが、それをクリアしたとしてもさらに、①店の雰囲気・客層が自分に合うかどうか、②給与・罰金・ノルマ等のシステムが納得できるか、③いままでの客はついてくるか、④新規のお客を獲得することができるか、というような条件に合う必要がある。

中堅クラスのキャストの場合、「友達が働いているから」ということが移籍の動機になることも多い。先に移籍したキャストが「いまの店、居心地がいいからおいでよ」と誘う。

キャバクラにはレジャラース系、プラザ系……といったいくつかの企業グループがあるが、同じグループ内での移籍でももめることがある。同グループとはいえ、現場レベルではA店とB店はライバル同士。キャストがA店からB店へ移籍するとなると、A店は戦力ダウンするわけだから面白くない。同グループだからかえってこじれることもある。一般企業のように「転属願い」を出してもダメ。

ではどうするか。キャストは雇用契約上はアルバイトだから、「どうしてもA店へ行く」と強引に移籍してしまう。すると店のトップ同士の話し合いがもたれ、キャストにペナルティを課す代わりに移籍を認めるという結論になる。これは一例で、結論の出し方はいろいろだろうが、戦力流出となる移籍には波乱が伴うということだ。

名刺の数の一〇パーセントが指名客になる つくられるナンバーワン

スカウトしたキャストに水商売の経験がなく、売れる素材であると判断すると、店側が意図的にナンバーワンに仕立てることがある。フリーのお客をどんどんつけて、指名が取れるような環境づくりをする。二週間も続けると、このキャストはトップの地位を獲得するようになる。トップに立つと地位を維持したいという欲が出てくる。こうなればあとは店側がフォローしなくても、一人でお客を獲得するようになる。

経験則ではお客の名刺を一〇〇枚集めれば、その一〇パーセントは指名客になるという。二〇〇枚なら二〇人。短期間にこれだけの指名客をつかめれば、ナンバーワンも夢ではない。キャストに「友達のキャストでいい子はいないか」と声をかけてリクルートさせることもある。

出戻りキャストも珍しくない。この場合は、気が合っていた旧担当が「戻ってこないか」と声をかければいい。すでに紹介したように、勝手に辞めておいて自分の意思で出戻ったキャストにはペナルティが課せられることがあるが、店側の「お願い」によって出戻ったキャストは、給与面で考慮される。出戻る側としても、店の雰囲気・システムがわかっていて給料が上がるというのなら悪い話ではない。

このような自由移籍制度は確立されたものではなくて、業界の慣習ともいうべきものである。もともとキャストには退職金制度や健康保険制度のようなものがなく、移籍が簡単という事情もある。

どのタイプの女の子が一番稼ぐか キャバクラ嬢の収支

キャバクラのキャストには、三つのタイプがある。

①プロとして働いている専業キャバクラ嬢
②一般職より就職が簡単で高給が得られるために働いているキャバクラ嬢

③他に職業・学業を持つアルバイトのキャバクラ嬢

どのタイプがいい悪いではなく、三タイプが程よく混ざり合っているところが、キャバクラの面白さになっている。

もっとも稼いでいるのは①のタイプだ。月給に直すと楽に八〇万円〜一〇〇万円程度の収入を得ているようだ。求人広告（風俗専門誌のほう）には「ソープで働くより楽で高給」とうたっているが、確かに人気の高いキャストなら、一般ＯＬの四倍〜八倍の収入を得ることができる。

ところが、②③のタイプは、世間が想像するほどの収入を得ているわけではない。時給二五〇〇円以上と書いてあっても、入店時の時給は一週間当たりの出勤可能な日数や曜日によって異なる。さらに一般の会社以上に厳しい査定があって、時給に差をつけられる。査定基準は、①指名本数、②ノルマ達成率、③接客技術、④勤続年数等、⑤出勤日数、で査定がよければ時給が上がり、悪ければ下がる。

時給二五〇〇円として、一日六時間、一月二五日働いたとすると、給料は三七万五〇〇〇円（税込）。ボーナスがないこと、雇用が不安定なことを考慮すれば、驚くような数字ではないことがわかるだろう。ただし、店によっては指名料のバック等の報奨金がつくので、この数字はもう少しアップする。

罰金と家賃とタクシー代に消えるキャバクラ嬢の支出

報奨金制度がある代わりに、キャストが恐れている罰金制度も存在する。遅刻や欠勤は罰金だし、ノルマが達成できない場合も罰金だ。時給ダウンもあり得る。公休はあっても有給休暇はない。

収入に対して、支出が多いのもキャストたちの特徴だ。一般OL以上にヘアメイクには時間をかけているし、ドレス（スーツ）の枚数・種類が必要だ。時計・指輪・ネックレスなどの装飾品にもお金がかかる。通信費も無視できない金額になる。通信費は携帯電話の通話料。営業コールを頻繁にかけてお客を呼ぼうとすると、毎月四、五万円の通話料を覚悟しなければならない。

もっとも支出が大きいのは家賃だろう。歌舞伎町近くの寮（会社借り上げのワンルームマンション）に入居したとしても一〇万円程度の家賃が必要になる。寮だから補助が出るというケースは稀だし、補助が出ているところは給料が安い傾向にある。ある程度の給料を稼いでいるキャストは、ワンルームマンションに飽き足らず、高級マンションに住んでいる。このケースでは住居費だけで一般ＯＬの給料を上回ってしまう。交通費は自腹。マンションが店に近ければ歩くこともできるが、深夜になる帰宅は安全のためにもタクシーを使う。遠距離通勤者（といっても環八あたりまでのことが多い）には、帰りのみ「送り」がつくことが多い。閉店後に、同じ方向のキャストを店が用意したクルマで送るわけだ。有料のことが多いが、タクシーよりはずっと安い。その代わり、数人の家を回ることになるので、最後に降りる人が家に着くのは、店を出てから一時間後、二時間後ということもある。

接客ストレスはお金を使って発散する彼女たちの金銭感覚

キャバクラとは縁のない世界の住人は、キャストは金銭面でルーズなのではないかと考えがちだ。だが、もらった分だけ使ってしまう人もいれば、目標を持って毎月積立貯金をしている人もいる。一概に決めつけることはできない。

とはいえ、給料が多いこと、甘えればお客さんが何でも買ってくれることから、金遣いが荒くなる傾向があるのは否定できない。「私は（勤務中は）絶対に自分のお金を使わないの」というキャストもいる。勤務中というのは店内だけでなく、同伴やアフターの時間も含まれている。「服やバッグは同伴のときに買ってもらう。食事はもちろん払ってもらう。店内でタバコがなくなったら『タバコなくなっちゃった』っていえば買ってくれるしさ、アフターすればタクシー代だって出してもらえる」

このコメントを冷静になって読むと〝なんて厚かましい女なんだろう〟という印象を受けるだろう。しかし、男が恋愛してるときは「彼女のためには何でもしてあげよう」と思うものだ。彼女のしぐさのすべてがいとおしく思えるはずだ。

だからこそ、給料日前で財布の中身が苦しくても食事の誘いがあれば喜んで応じ、さっと伝票をつかんでレジに向かったことはなかったか。ドライブの誘いをＯＫしてもらったときは、ガソリン代から高速料金、食事、遊園地の入場料まですべてを支払ったのではなかったか。

喜々としてブランドのバッグを買ってあげているお客の気持ちも同様だ。店で隣に座っている彼女が「タバコ切れちゃった」といいながら財布を取り出そうとしたら「いいよ、買ってやるよ」といってしまうのがお客というものだ。「ありがとう」の一言が聞ければ三〇〇円は安い。

それなら、キャストの給料はほとんど残るのではないか。月収八〇万円のキャストに聞いてみると「六〇万円は貯金できるかも」という。

しかしそれは厳しい。接客は精神的なストレスがたまるために、お金を使うことでストレスを発散しようとしてしまいがち。よほど目標がハッキリしている人、性格的にキッチリしている人以外は、金遣いが荒くなる傾向にあるし、貯めていても何かのきっかけで一気に使ってしまうことが多いという。

ストレスの限界 接客業の宿命

キャストの仕事は店内での接客だろう、という見方は三分の一しか当たっていない。キャストの三大仕事は、①電話営業、②来店時に次の来店の確約、③接客、である。お客が店に来なければ③の仕事が成り立たない。そこで①②が重要になる。

電話営業は「昨日はごちそうさまでした」という内容から始まって、親しくなるとプライベートな話題で盛り上がることになる。ポイントはお客に自分の声を聞かせるというところ。これにより、お客は「今日も行こう」という気持ちになる。

来店時には必ず次の約束をする。「金曜日はおしゃれ日だから新しいドレスを見に来て」でもいいし、「火曜日に映画に行こう」でもいい。実際には映画の約束をすっぽかしてもかまわない。約束することがお客の確実な来店に結びつく。

接客はお客をいかに楽しませて「また来よう」という気持ちにさせるかに尽きる。自分が最初から最後まで接客できればいいのだが、それはシステム上無理なので、マネージャーに「ヘルプにはあの子をつけて」と依頼することもある。お客好みのヘルプ、接客が上手なヘルプをつけてもらうことで、留守が守れるからだ。

また接客時間も、お客の重要度によって差をつけている。上得意なら指名が重なってもなるべく長い時間接客するようにする。逆に、得意客でない場合はすぐに他の席へ行ってしまうこともある。

上得意が重なったときは、無理がいえる優しい客に泣いてもらう。指名のキャストが「お願い」すれば、お客は快く応じてくれる。その代わり新人キャストをどんどんつけて楽しませるという〝お礼〟もする。指名キャストだけでなく、ヘルプでも何度もついていると話題がなくなってくる。テーブルがはじけなくなる。そこで新人をつければ「年はいくつ」というようなゼロからの会話が楽しめるからだ。

話したくない相手とも無理に話さなければならないのがキャストのつらいところ。自分のなじみ客はともかく、他のお客の中には「カネを払っているんだからサービスしろ」という態度を露骨にあらわす人もいる。

なじみのキャストが他の席に行くと、とたんに口をきかなくなる人もいる。寡黙。話題がない。それでも話をしなければならない。黙って座っていると、担当から「接客がなっていない」と怒られる。

せっかく高いカネを払っているんだから元を取らなければ損だと、胸をさわったり、キスしようとする客も多い。キャストの手を握ったり、膝をさわるくらいは料金の範囲内と許しても「キスは絶対にいや。それなら別の店に行けばいいのよ。もっとスゴイこととしてくれる店がたくさんあるじゃない」というのがキャストの言い分。ランジェリーパブのようなエクストリーム系と呼ばれるキャバクラでは〝濃厚タッチ〟がウリになっているが、正統派キャバクラではおさわりを認めていない。性的サービス抜きでお客を呼ぶところがキャストのテクニックだからだ。

とまぁ、このような客を相手にしていると、六時間後の閉店時間にはグッタリしてしまう。そこで「ホスト行こう」ということになる。

ホストにハマる歌舞伎町食物連鎖

ホストクラブは、キャバクラ(や他の風俗店)が終了する午前二時、三時以降ににぎわうようになる。キャバクラの終業間際にホストが店にやってきて「アフター」と称して店に連れていくケースも多い。ホストクラブはセット料金ではなく、クラブのように飲ませていくらの世界だから、ホストはお客(この場合はキャスト)に酒をねだる。ライバルのホストが一本三〇万円のドンペリを開けたのなら、こっちは二本のドンペリを開ける、もっと高い酒を頼む。酒の価値は味じゃないんだ値段だよ——そんな競争になることも珍しくない。キャバクラのお客がキャストにバッグを買ってあげるように、この世界ではキャストがホストに貢ぐ。ちょうど逆の立場になるわけだ。

これでは月収八〇万円でも、一〇〇万円でもあっという間に吹き飛んでしまう。でも、もともとの収入がいいので生活が荒れても気づきにくい。

ホストにハマらなくても、ストレス発散のために飲みに行ったり、カラオケすることは多い。毎日アフターするのも気疲れするので、仲間で行くと支払いは割り勘。でも積もり積もれば結構な金額になる。サラリーマン向けの居酒屋が安いからといって、毎日通えば破産するのと同じように、キャストだって生活が苦しくなる。

これは「はじめに」で触れた。食物連鎖の具体例でもある。お客のお金は店に移り、それがキャストの財布に入り、ホストクラブに移り、ホストの懐に入る。ホストだって接客疲れするから、買い物に走る。それが新宿なら伊勢丹だったりする。クルマを買うかもしれないし、フィットネスクラブに通うかもしれない。結局お金は企業に戻る。

ムカつくお客
嫌われるタイプ

キャストにとっては、カネを払っているんだから何をしてもいいだろうという態度のお客がいちばん「ムカつく」という。たとえばこんな感じだ。

「何で、こんなところで働いてんの」

「(おまえは何でこんなところに来てるんだよ、と思いつつ) いろいろな人とお知り合いになれるからです」

「親は知ってるの」

「(奥さんはあんたのキャバクラ通いを知っているのかよ、と思いつつ) 内緒です」

「ちゃんとした仕事しなきゃダメだよ」

「(水商売で悪いか、と思いつつ) でもぉ、朝とか弱いしぃ、頭悪いしぃ」

「そうだろうね。下着の色、何色?」

「(何でそんなことまで答えなきゃなんないんだよ、と思いつつ) やっだぁ、何色だと思いますぅ?」

「ところで、店終わったらつき合わない？」

「(絶対にイヤ、と思いつつ)今日は、お店の子の送別会があってぇ、ダメなんですぅ」

キャストは、お客の罵詈雑言に耐える。さらにお客が酔ってくると、肩に手を回す。一時間一万円だから元を取らなきゃ、と思うらしい。

それどころか「女の子の顔をさわりまくってる奴」までいる。キャストたちがこう憤慨する。「そういうところについてる女の子って『えへへへへ』っていいながら、完全に目が死んでるんだよね」

また次のタイプも嫌われる。

「酔っぱらって肩とか叩きながらしゃべる人っているじゃない。それってすごいムカつく。普通にさわるなり肩抱くとかならいいけど、向こうがさ、何か後輩の男の子にしゃべるみたいに、『キミもさぁ』とかいいながら、肩とか叩く。すごいムカついてくるの。『もうわかったからわかったから』って」

それでも、キャストが耐えるのはなぜだろう。もちろんお金という第一の目的がある。酔っぱらいにさわられていると思うと腹が立つが、お札にさわられていると思えば少しは気持ちが落ち着く。だが、彼女たちはある別のことも視野に入れている。

お客の素性
時代を映す鏡

キャバクラのお客は時代を映す鏡でもある。その時代、時代でもっとも輝いている業種の人々が集まる。

バブル期はもちろん不動産関係者が幅を利かせていた。例外はあるにせよ、いまは見る影もなく、音信不通のお客も数多い。

いま元気なのはベンチャー企業経営幹部の人々、株で儲けたデイトレーダーたち。この中には株の上昇相場のおかげでどーんとボーナスをもらった証券会社の営業マンなども含まれる。

大企業の接待は影を潜めた。その代わり、小規模な会社で好況のところの若い社長が接待に使ったり、社員の慰労をかねて連れてくる姿はよく見かける。

お客のアンケートを取るわけではないが、キャストが新規のお客には必ず職業を聞く（会話のきっかけをつくるためでもある）ので、いまどのような業界の人が多いのかがわかるのだ。

これは暴力団関係者の入店を防ぐ意味もある。話がそれるが、キャバクラは暴力団関係者の入店を認めていない。外見でハッキリわかるお客はフロント（入り口）でカット（拒否）する。しかし、外見で判断できず入店を認めてしまった場合、キャストとの会話の中で明らかになることがある。こうしたケースではキャストが担当に客の身分を告げ、店長が「店が混んできたので長くいるお客さんには一度退店をお願いしている」というような「理由にならないような理由（なんでもいい）」をつけてお引き取り願う。

だから、店内には怪しそうに見えても一応正業に就いているお客しかいないはずである。ただし、店の方針によって異なるし、売り上げ不振のときなどはコードがゆるくなることは否めない。

お客には、毎日通ってくる濃い常連と、週一回程度通う常連、あとは月一回、二回程度のペースで来店するお客がいる。キャバクラにはいつもいる名物客がいるのだが、割合的には意外に少なく、濃い常連客は五パーセント程度だ。逆に、一般の常連客は六〇パーセント～八〇パーセント程度にもなる。これらのお客のほとんどはお目当てのキャストがいるわけだが、そのキャストが移籍したからといって急に足が遠のくわけではない。お客はキャストが移籍した店に通いつつ、以前のなじみの店にも顔を出す。ここが自分の居場所だからだ。
キャストは頻繁に店を替わっていくので、お客のなじみの店もどんどん増える。そうなると「歌舞伎町一帯を巡回する」ことになる。

常連客は変な奴ばかり？キャバクラにハマるお客のパターン

キャバクラにハマりやすい性格がある。大きく分けると、疑似恋愛を好むタイプ。キャバクラ料金で性風俗の店にも行けるわけだから、直接的なスキンシップを求める人、そのほうがコストパフォーマンスが高いと考える人は、キャバクラにはハマらない。その代わり、ヘルスやイメクラにハマるかもしれないが……。

では、ハマりやすい性格にはどのようなものがあるのだろう。①若い女の子が好き、②女の子を口説くのが好き、③社内の女の子に声をかける勇気がない、④友達がいない、⑤ある程度の自由に使えるお金を持っている、⑥わがままな性格、⑦自由業・自営業・会社経営者、⑧性格のいい人、⑨性格の悪い人、⑩の自分に自信がある人、と分類できる。①

②は説明しなくてもわかるだろう。

③は内気なタイプの人。ＯＬにはなかなか声がかけられないが、キャバクラなら女の子のほうから話しかけてくる。親しくお話できて、手を握ってくれたりする。「気があるのかも」と妄想が広がる。キャバクラにハマって、ストーカー的な行動を取る人もいる。

④も意外に多い。友達はキャバクラ嬢だけ。友達といっても店の中だけなのだが。公休日にキャバクラ嬢が積極的につき合いたい相手なら昼の世界に友達だって多いはずだ。

⑤小遣いを妻に厳しく管理されている人はキャバクラ通いしたくてもできない。やっと貯めた資金は確実に効率よく使いたいから、性風俗の店に向かうことになる。「キャバクラは砂漠に水（お金）をまくようだから行かない」などという。まくほどの水は持っていなくても、やはり自由になる資金がなくてはハマれない。

⑥キャバクラではお客様だから、ある程度のわがままが通る。タバコに火をつけてくれたり、水割りをつくってくれたり、トイレについてきてくれたり、セクレタリーサービスも万全。わがままな人には申し分のない環境が整っている。ただ不満なのが指名のキャストがずっとついていないこと。わがままだからこれが耐えられない。しかし、店側としても、指名のキャストをずっとつけておくことはできない相談である。そこでわがままな客

は扱いにくい客という評価を受ける。

⑦同伴なら午後六時待ち合わせ、アフターなら深夜二時待ち合わせ。こんな生活ができるのは、時間管理されているサラリーマン以外の職業しかない。深夜二時から焼き肉食べて、カラオケに向かうと朝の六時。この生活に耐えられるのは、自由業・自営業・会社経営者くらいなものだろう。サラリーマンなら金曜日か土曜日に通うという手があるが。

⑧キャバクラに誘われると断れない。友人から行こうといわれればついていく。キャストから営業電話がかかれば喜々として向かう。

⑨なんとかキャストをハメてやろうと考える。あわよくばヒモになって悠々自適の生活がしたい。ハメてやろうと企んで自分でハマってしまう。

⑩オレが行けばキャストはメロメロになるねと、自信過剰の人もハマりやすい。キャストがハマる前に自分がハマってしまう。

こう並べてみると、キャバクラの常連客は変な奴ばかりということになってしまうが、実際にはまともな一般客ばかり。多少①〜⑩の性癖が強いというだけなのだ。

人脈づくりがキャストの目的 人的ネットワーク

先に「ムカつくお客」の項で「彼女たちはある別のことも視野に入れている」と述べた。それは何か。まずキャストの会話を紹介しよう。

「お店に来るお金持ち（青年実業家の意味）と知り合って話してると、何かこの人成功してていいなって、私もそうなりたいなって、そういうやる気とかが出てくるじゃん」

「刺激を与えてくれるよね」

「だからやっぱりいろんな人とつき合いたい。男と女っていう意味じゃなくて。それはどの仕事でも大事だよね」

「でも、私さあ、いま独身で若いからこうやっていろんな人と話できるんだよね。オバさんだと逆にお金払わなきゃいけないんだよね」

人脈を広げたいのだという。単純に玉の輿を願っているキャストもいる（若いキャストに多い）し、将来店を出すための下準備を行っているキャストもいる。

店といっても、必ずしも水商売とは限らない。

「実際に、交友関係をつくるために働いている人、いるよ。その人副業持っていて、店で知り合った人を勧誘するの。その人、ふつうのオバちゃんで、ほとんどヘルプ専門みたいな感じだけど、どこの席行っても自分の副業の話をするの」

「そうそう。お店では売れなくても、人脈関係も大事だよね」

人脈づくりは、指名客を増やすという成績アップにつながることでもあるが、彼女たちは彼女たちなりに別の意義も見いだしている。

また自分の席で副業の話をされても特に不愉快とは感じないという。

「全然不愉快じゃないよ。そういう人は接客がうまいし、私に損はないじゃん」

けっこうクールなのである。

仲のいいキャスト同士は、店が別々になっても連絡だけは絶やさない。だからキャストのネットワークは新宿歌舞伎町や池袋に網の目のように張り巡らされている。情報は携帯電話を通じて昼夜を問わず流れていく。

先輩後輩のつき合いは薄いようだが、気に入った後輩キャストがいれば「私が店を出すときに手伝ってね」と頼んでいるようだ。一緒に働いていれば、後輩の性格も、資質も、技量もわかる。小さなパブ程度なら後輩のリクルーティングで人材を揃えることができてしまう。

二度来ていただければ……深みにはまる疑似恋愛

キャバクラ遊びは二度目からが面白い。

すでに繰り返し書いたように、キャバクラの中に自分の居場所が確保でき、疑似恋愛遊びに熱が入るからだ。キャストのほうも常連客は成績アップにつながる大事な顧客だし、いやなお客でない限り、気心の知れた常連客のほうがリラックスできる。

話も合うようになって、何よりも「あれからさぁ」で話し始められるのがうれしい。

話題がディープになっていくから、ヘルプのキャストが入ってこられないのがかわいそうだが、指名キャストに「少しは気を使ってやれよ」というと「入ってこれないヘルプが悪い」といわれてしまう。

そうやって疑似恋愛はどんどん深まっていく。

いい店を見つけるためには、各店を回るしかない。そして直感に頼って、声をかけていくのだ。ナンバークラスのキャストが自分にとってベストかどうかはわからない。入店したばかりの新人のほうが親しくなれるかもしれないし、ＯＬあがりのほうが話が合うかもしれない。

そして店が見つかったら二回、三回、四回と続けて通うこと。そうして深みにはまっていけば、キャバクラの奥深さが堪能できる。

その恋愛の先にあるもの ギャップを楽しむ

疑似恋愛とはいうものの、本物の恋愛へと発展するケースもある。

一つの方向は、愛人という方向。旧来の愛人のイメージではなく、「お金持ちと結婚したい。その人が結婚しているのなら、愛人でもいい」という程度の軽いノリ。

二〇歳前後の若いキャストに多いようだ。晩婚化が進む中で、ＯＬだって二〇歳、二一歳という若いうちの結婚は望まない傾向がある。キャストだって結婚を真剣に考えているわけではない。お金持ちとつき合えればいいという感覚のようだ。

もう一つの方向は、ふつうの結婚。水商売への偏見は根強いものがあるが、大半のキャストは〝ふしだらな生活〟をしているわけではない。仕事上やむなく夜中に活動していたり、酒を飲んだり、同伴、アフターという形で男性とつき合うことが多いので、偏見を持たれてしまう。

だから、故郷に帰って、お客とは無関係のところで結婚する女性もいる。もちろん、お客と結婚する女性もいる。水商売が好きという女性は別にして、多くのキャストは結婚→引退の道を選ぶ。

しかも、いまのキャバクラは、キャストの意識がかなり変わっている。キャバクラ発祥の頃は「三回通えば店外デート」であり、店外デートの先にはホテルが見えていた（それが事実かどうかはわからないがそういうイメージを植えつけていた）が、いまのアフター（店外デート）は、食事、飲み屋、カラオケと健全。夜中に飲み歩くのが健全なのか？　という議論は別にして、デニーズのバイト感覚で働いている。ところがお客の側は、あいかわらず「あわよくば」と考えている。女性の意識と男性の意識には大きなギャップがある。ギャップがあるから気持ちがすれ違う。気持ちがすれ違うからジェラシーを感じ、いても立ってもいられなくなり通い始める。

キャバクラはギャップを楽しむところなのかもしれない。そういう冷静な部分を持って遊びに行くといい。きっといままで見えなかった集客システムの秘密が形になっていくはずだ。

◆おわりに◆

キャバクラ嫌いという人が結構いる。理由を聞いてみると、費用対効果に問題があるからだという。下世話な表現をさせてもらえば「できないのにカネ払うのかよ」ということ。そうじゃないんだ。「できる、できない」ではなくて、人と人とのコミュニケーションを楽しむところなのだと説明しても、「(直接的な意味の)スキンシップのほうがいい」などと否定する。

そういわずに、キャバクラに通ってみてほしい。なぜ「できないのにカネ払う」のかがわかってくる。そしてキャバクラの中に昼の日本経済が忘れてしまった「何か」を見つけるはずだ――というのはおおげさか。まぁ、「若い美人の彼女」とお話できるのだからいいのではないか。

本書を書くにあたって、キャバクラで働く多数の女性たちにお世話になった。また、複数の幹部クラスの男子従業員からも話を聞いた。具体名を挙げると仕事上差し障りがあるので避けるが、公休日に長時間の取材に応じてくれたあなたたち。特に美人姉妹のあなたとあなた。ネコが大好きなあなた。本書刊行前に引退してしまったあなた。今年成人式を迎えたあなた。そしてお酒に酔うととてもかわいくなるあなた。どうもありがとう。

なお、本書では複数のキャバクラのシステムを参考にしているために、すべてのシステムがある一店舗にそのままあてはまるわけではないことをお断りしておく。

山本 信幸（やまもと・のぶゆき）

法政大学経営学部を経て、自動車外車のハウスエージェンシーなどで雑誌を制作。その後、独立して、経済誌、マネー誌、一般誌で経済、経営、金融、ITなどをテーマとした記事を執筆。地方企業の出張取材も多いが、その帰りに夜の街を歩いてみて、地方都市の衰退ぶりに驚かされている。地方創生には福岡市が試みているような夜の街の活性化が不可欠だと痛感している。

EYE LOVE EYE
視覚障害その他の理由で活字のままでこの本を利用出来ない人のために、営利を目的とする場合を除き「録音図書」「点字図書」「拡大図書」等の製作をすることを認めます。その際は著作権者、または、出版社までご連絡ください。

世の中のお金の流れはキャバクラをみればわかる

キャバクラと経済の話

2019年9月26日　初版発行

著　者　山本信幸
発行者　野村直克
発行所　総合法令出版株式会社
〒103-0001 東京都中央区日本橋小伝馬町15-18
ユニゾ小伝馬町ビル9階
電話　03-5623-5121
印刷・製本　中央精版印刷株式会社

落丁・乱丁本はお取替えいたします。
©Nobuyuki Yamamoto 2019 Printed in Japan
ISBN 978-4-86280-707-6
総合法令出版ホームページ　http://www.horei.com/